Allitera Verlag

PETER PAUL ALTHAUS wurde 1892 in Münster/Westfalen geboren und studierte dort nach dem Ersten Weltkrieg Philosophie und Literaturgeschichte. 1922 kam er nach München, wo er – unterbrochen durch Regiearbeiten in England und Tätigkeiten an verschiedenen Rundfunkanstalten – bis zu seinem Tode 1965 lebte. Er verkehrte im Kreis um Stefan George und war für den *Simplicissimus* und die *Jugend* tätig. In Schwabing gründete er die Kabaretts *Zwiebelfisch* und *Monopteross*.
Er schrieb Gedichte, Hörspiele, übertrug indische und altrussische Lyrik, übersetzte Molière und Voltaire. Unvergessen bleibt »PPA« als Schwabinger Poet, welcher seine »Traumstadt«-Lyrik durch regelmäßige Bürgerversammlungen, eine Stadtordnung – erster Bürgermeister: PPA – und die Verleihung skurriler Titel, wie etwa dem eines Ehrenoberlaternenanzünders, zum Leben erweckte.
   In der *edition monacensia* sind *Das Peter Paul Althaus-Gedichtbuch* (2004) und der Gedichtband *Das Lied vom kleinen Mann* (2009) erschienen, beide herausgegeben von Hans Althaus.

edition monacensia
Herausgeber: Monacensia
Literaturarchiv und Bibliothek
Dr. Elisabeth Tworek

Peter Paul Althaus

Vom Send zum Monopteross

Gedichte und Prosa

1921 – 1949

Herausgegeben von Hans Althaus

Allitera Verlag

Weitere Informationen über den Verlag und sein Programm unter:
www.allitera.de

Dezember 2011
Allitera Verlag
Ein Verlag der Buch&media GmbH, München
© 2011 für diese Ausgabe: Landeshauptstadt München/Kulturreferat
Münchner Stadtbibliothek
Monacensia Literaturarchiv und Bibliothek
Leitung: Dr. Elisabeth Tworek
und Buch&media GmbH, München
Umschlaggestaltung: Kay Fretwurst, Freienbrink
unter Verwendung eines Bildausschnitts *Traumstadt bei Nacht*
von Hermann Geiseler
Printed in Germany · ISBN 978-3-86906-173-3

Vorwort

Peter Paul Althaus, mein Großonkel, den seine Freunde kurz PPA nennen, hat der Nachwelt keine Autobiografie hinterlassen. In einem *SelbstPorträt* skizzierte er einmal sein Leben: »Ich war nacheinander (zuweilen miteinander): Säugling, Kind, Schüler, Gymnasiast, Apothekeneleve, Soldat, stud. phil., Pressereferent, Schmierenschauspieler, Herausgeber zweier Zeitschriften, Theaterdramaturg – Übersetzer, freier Schriftsteller, Kabarettist, Rundfunkautor, Ehemann, Rundfunkdramaturg, Soldat, Lektor, freier Schriftsteller. Die einzelnen Etappen dieses Lebenslaufes legte ich in wechselnden Zeiträumen zurück. Die Zäsur (–) bedeutet den Zeitpunkt, an dem ich von Westfalen nach Bayern wechselte.« Das war 1922.

PPA bekannte, nach dem Ersten Weltkrieg voller Tatendrang gewesen zu sein; seine Leidenschaft war die Schriftstellerei. Er gründete 1919 seine erste Zeitschrift, *Das Reagenzglas* in seinem Verlag *Der weiße Rabe*, die noch auf Schreibmaschinenpapier abgezogen wurde und 1921 die Zeitschrift *Der Send – Eine Monatsschrift für die spanischen Dörfer*. Sie wurde schon richtig gedruckt und nach dem Münsterschen historischen Jahrmarkt benannt. Die beiden Ausgaben aus dem Jahr 1922 sind noch vorhanden.

Bezüglich des *Simplicissimus* schreibt er, dass er an der Zeitschrift seit 1916 bis zu ihrem Verbot mitgearbeitet habe. Von ihm signierte Arbeiten liegen nur zwischen den Jahren 1929–1933 vor. Der *Simplicissimus* ist die bis heute prominenteste deutsche politisch-satirische Wochenschrift. Albert Langen aus Köln begründete sie am 1. April 1896 in München. Während des Ersten Weltkriegs wird sie wie viele Zeitschriften »patriotisch«, findet aber während der Weimarer Republik zu ihrem alten Stil zurück. Mit der Machtübernahme 1933 wird sie gleichgeschaltet und verliert an Bedeutung. Im September 1944 wird sie wegen Papiermangels eingestellt. Alle Versuche, sie nach dem Zweiten Weltkrieg in alter Form mit modernen Inhalten neu zu beleben, scheitern.

Von Wolfgang von Weber liegt eine gute Charakterisierung dieser Zeitschrift vor: »Der ›Simplicissimus‹ war ein Schwabinger

Gewächs von reinster Blüte. Befruchtung durch ein überragendes Künstlertum und Entfaltung konzentrierter geistiger Kräfte fanden in dieser einzigartigen Zeitschrift ihren satirischen Ausdruck. In der Distanz vieler Jahrzehnte können wir heute überblicken, wie auf ihren Blättern alles zusammengefunden hat, was imstande war, Zeitgeist und Zeitumstände in farbigen Umrissen aufzuzeichnen. Auf geschmackvolle Weise verstand es die Redaktion, die in den Händen des genialen Zeichners Th. Th. Heine und später Ludwig Thomas lag, den Bedürfnissen des Leserpublikums nach modischen und galanten Anspielungen Rechnung zu tragen. Die Entdeckung von Karikaturisten wie Olaf Gulbransson, Eduard Thöny, Blix, C. O. Petersen, aber auch des Wiener Kavallerieoffiziers Ferdinand von Reznicek als eines Zeichners modisch-eleganten Geschmacks brachte der exklusiven Zeitschrift mit der Redaktion in der Kaulbachstraße die stärksten Erfolge. [...]

Gleichzeitig mit dieser Zeitschrift entstand, auf andere Weise ein Symbol für diese Ära Schwabinger Künstlertums, die Zeitschrift *Jugend*, deren ornamentaler Stil, soweit er in der bildenden Kunst und in architektonischer Fassaden- und Innengestaltung seinen Ausdruck fand, diese Epoche weitgehend zu beeinflussen vermochte. Doch auch der Jugendstil war nur ein Zustand von Kurzlebigkeit einer Jugend. Immerhin war er in Schwabing zur Welt gekommen.«

Jugend – Münchner illustrierte Wochenschrift für Kunst und Leben war eine Münchener Kunst und Literaturzeitschrift, die 1896 von Georg Hirth und Fritz von Ostini gegründet wurde. Von PPA signierte Arbeiten sind zwischen 1919–1932 dort erschienen. 1933 wurde die Zeitschrift gleichgeschaltet und stellte 1940 ihr Erscheinen ein.

Über die Veröffentlichungen PPAs in der damaligen *Welt am Sonntag* (1931–1933) weise ich hier nur hin. Sie wurden bereits 2009 von mir unter dem Titel *Das Lied vom kleinen Mann* in der Reihe *edition monacensia* im Allitera Verlag herausgebracht.

1930 machte PPA u. a. mit Wolfgang von Weber in der Barerstraße ein Hobby-Kabarett *Der Zwiebelfisch* auf. Jeden Nachmittag ab drei Uhr probten sie ein neues Programm. Der Eintritt war frei. Als Honorar für die Künstler gab es nur freies Essen und »Saufen« vom Wirt.

1947 gründete PPA mit einigen bekannten Schauspielern wieder ein Kabarett, die *Schwabinger Laterne*. Ein Jahr später machte er dann sein berühmt gewordenes *Monopteross* auf, zu dem Leute mit Rang und Namen kamen. PPA hebt hervor, dass auch dort die berühmtesten Schauspieler und Schauspielerinnen als Honorar nur einen Schoppen Wein und ein Künstleressen, meist eine Gulaschsuppe, bekamen. PPA resümiert, »diese Abende sind aus der Geschichte Schwabings … nicht wegzudenken.«

1951 berichtet PPA in einer Rundfunksendung, dass »wir 1930 etwas zur Wiederbelebung des rein literarischen Schwabings tun wollten, ohne dabei Geschäfte zu machen«, nur eigene Sachen sollten vorgetragen werden. Die Idee kam von Wolfgang von Weber, der Name *Zwiebelfisch* kam von der Zeitschrift, die sein Vater begründet und herausgegeben hatte. (Eigentlich ist »Zwiebelfisch« der Setzerausdruck für einen einzelnen Buchstaben im Zeitungs- und Buchdruck, der irrtümlich in einer anderen Schrift gesetzt wurde.) Die Akteure hatten den Ehrgeiz, täglich ein neues Programm anzubieten, das abends um 8.00 Uhr begann und bis 5.00 Uhr oder 6.00 Uhr morgens dauerte. PPA berichtet: »Wenn die letzten Gäste weg waren, setzten wir uns aufs Rad und fuhren nach Starnberg an den See, rasierten uns beim Baden und setzten uns wieder aufs Rad. 25 Kilometer hin und 25 Kilometer zurück. Wir waren allesamt schon damals nicht mehr die Jüngsten. Es wurde etwas geschlafen, etwas gegessen und Punkt 4.00 Uhr fanden wir uns zur Vorbereitung eines neuen Programms im *Zwiebelfisch* ein.« Unter den Gästen war auch viel Prominenz. Ein bekannter Gastronom erfand ein preiswertes Hausgericht: den Zwiebelfisch – Schellfisch mit Zwiebeln.

Nach sieben Wochen verabschiedeten sich die Gründer, denn »dann hingen uns die Augen am Kinn.« Die Nachfolger waren noch zweimal wöchentlich zwei Jahre tätig. Das Ende gestaltete sich so: An einem trüben Novembertag im Jahre 1937, es regnete in Strömen, wurde eine Tram auf der Leopoldstraße von einem kleinen Lieferauto überholt. Plötzlich öffnete sich die hintere Wagentür, herausrutschte der Zwiebelfisch, der im Lokal unter der Decke gehangen hatte, fiel in den Dreck der Straße und PPA konnte gerade noch sehen, »wie ihn ein nachfolgender Fernlastzug platt wälzte«.

Hierzu erinnerte sich Wilhelm Lukas Kristl 1976, dass PPA auf Veranlassung durch Wolfgang von Weber das Podium eher sträubend betrat. Althaus spielte dabei auf einem Dulcimer, einem englischen Hackbrett, mit dem er seine Gedichte und Phantasien begleitete.

Die *Schwabinger Laterne* gründete PPA mit Gustl Weigert, als sich München nach dem Zweiten Weltkrieg »mühsam aus dem Schutt aufrichtete«. Dann stellte er das *Monopteross* auf die »Pegasusbeine«, in dem u. a. Axel von Ambesser, Gerd Froebe und Trude Hesterberg ihre dankbar belachten Kunststücke aufführten. Und zum Stammquartier erkor er sich mit Weigert die Gastwirtschaft *Zur Seerose* in der Feilitzschstrasse. Hier hatte PPA die Schriftsteller und Maler noch einmal zusammengebracht. Komponisten vertonten Althaus-Poesien, Poeten rezitierten Althaus-Gedichte und Maler wie Hauber, Mehrle, Seidl-Seitz, Malura und Geiseler malten Traumstadtbilder.

In einem Hörspiel hielt Renate Eichholz fest, dass PPA die damals in München wohnenden bekannten Literaten durch die Simplicissimus-Mitarbeiter kennen lernte, wie Stefan George, Karl Wolfskehl, Klabund, Joachim Ringelnatz u. a.

Zum 70. Geburtstag von PPA erinnert sich Kusche: »Kennen gelernt habe ich Althaus anlässlich der Gründung des Schwabinger Kabaretts *Der Zwiebelfisch*. Die Gründer waren ein Mann von den sagenhaften elf Scharfrichtern namens Strick, dann Peter Paul Althaus, Gustl Weigert, Wolfgang von Weber und ich. Dieser *Zwiebelfisch* war eine der überflüssigsten Gründungen, die je stattgefunden haben. Sie fiel dazu noch in einen Hochsommer, der es mit sich brachte, dass die Gründungsmitglieder, die sich allabendlich auf dem Podium zu produzieren hatten, zahlenmäßig dem Publikum meist überlegen waren. Der Peter rezitierte hier seine neuesten Schöpfungen und man kann nicht einmal sagen, dass er Perlen vor die Säue warf, denn es waren keine da. Meistens improvisierte ich aus dem Hut zu seinen Gedichten, aber wenn es ganz intim sein sollte, dann setzte sich Peter an sein eigenes Privatinstrument, ein Dulcimer, das er aus England mitgebracht hatte und das eine höchst sonderbare Mischung von Spinett und Celesta war. Peter war in dieses Instrument verliebt wie in eine Frau und wenn er sich selbst begleitete, dann machte er es wie der Sänger von Goethe; er drückte die Augen zu.« Und an anderer Stelle heißt es: »Als ich einen schriftlichen Vertrag verlangte, lachten alle aus vollem Halse. Ich habe weder einen Vertrag noch ein Honorar bekommen, sondern nur eine allabendliche Garantie auf drei Schoppen Gimmeldinger Meerspinne.«

Fünf Jahre später zu seinem 70. Geburtstag reflektiert Kusche, dass PPA fast dreißig Jahre dem Kabarett gehuldigt und gedient hatte: »Althaus war ein leidenschaftlicher Kabarettist vor dem Herrn. Und er war es mit Überzeugung und Nachdruck. Manchmal mit solchem Nachdruck, dass die Kabaretts darüber in die Brüche gingen. Aber was schadete es? Dafür entstanden wieder neue, die auch nicht viel länger lebten als die alten. Eines gereicht dem Dichter PPA zum hohen Ruhme, in den er sich als einziger mit Joachim Ringelnatz teilen kann: Er hat nie ein so genanntes politisches Kabarett gemacht. Seine von ihm auf den diversen Brettl-Podien gesprochenen Verse waren niemals von dieser Welt, sondern aus seiner höchst privaten Traumstadtwelt, für die es weder Konjunktur noch Zensur gab.«

Kusche erinnert an die Auftritte im *Simpl* wie später die Kabaretts *Schwabinger Laterne* und *Monopteross*. Er erinnert weiter an PPAs Wirken in *Der Seerose*, *Bei Papa Steinicke*, im *Tukan* und in der *Katakombe*. Althaus wurde insbesondere von der Presse als »Prototyp eines Urschwabingers« angesehen, worüber er sich anfänglich freute, was ihn aber dann zunehmend verdross.

Die Wiedergeburt des alten Schwabings schildert PPA folgendermaßen: »Es gab nach dem Zweiten Weltkrieg ein paar ältere Schwabinger, die noch jungen Herzens waren. Und diese versuchten, im Jahre 1948 Schwabing, das ganz gestorben schien, wieder auf die Beine zu bringen: Gustl Weigert, Gustl Wisbeck, bekannte Simpl-Mitarbeiter, und Martin Lankes, ein bayerischer Mundartdichter. Eines Morgens, ich wohnte damals am Starnberger See, bekam ich eine Eilpostkarte: ›Lieber PPA, wir beginnen unsere früheren Stammtischabende à la Brennnessel wieder. Komm doch hin. Wir erwarten Dich bestimmt. Die Abende finden jeden Mittwoch in der *Seerose* statt. Herzlichst Dein Gustl.‹«

Aus diesen Abenden entstand ein neues Schwabing und die *Schwabinger Laterne* wurde gegründet und es sprach sich herum, dass in Schwabing wieder neues Leben blühte.«

Martin Lankes schildert eindrucksvoll den Mittwochabend Anfang September 1947, an dem sich die »verlaufenen« Schwabinger nach langen bitteren Jahren in der *Seerose* wieder trafen: Alle Bekannten neben Weigert kamen: Weber, Wisbeck, Prevot, Knoll, Freya, Helger u. a. und »immer wieder wurde Peter Paul Althaus auf dem Podium bejubelt, der mit geistreichen Ankündigungen die Schwabinger Intelligenz bezauberte. So etwas hatte Schwabing seit langer Zeit nicht mehr erlebt. Die Schwabinger Laterne, wie dieser Kreis bald von Gustl Weigert getauft wurde, war geboren.« Einmal in der Woche wurde ein improvisiertes Kabarett gemacht.

Aber nach den Worten eines bekannten Schwabinger Dichters vermehrt man sich in Schwabing durch Spaltung.

Nach dem Fasching 1948 zog PPA mit einigen jungen Leuten ein paar Häuser weiter in die Heimhauserstrasse zur Wirtin Mutti Bräu in die Vorstadtkneipe *Pfälzer Hof* und gründete das *Monopteross*.

»Der Name Monopteross wurde nach dem Muster der Erfindungen neuer Tiergattungen gewählt, nach jenem Spiel, das schon Otto Falkenberg, der nachmalige Direktor der Kammerspiele in seiner Scharfrichterzeit, das schon Lotte Pritzel, Christian Morgenstern, Ringelnatz und Wolfskehl so gern gespielt hatten. Sie erfanden die Mat-Ratze, die Ent-Ente, die Kla-Motte, das Klys-Tier und die Un-Termi(e)te. Wir erfanden das ›Monopteross‹. Es erschien mir dieser Name in seiner Verbindung zwischen dem nach allen Seiten offenen, nur von einer Säulenreihe getragenen Tempelchen im Englischen Garten und dem von Anton Leidl entworfenen Monopte-Ross das Rechte für unser Unternehmen.«

Auch wenn PPA schreibt, dass die Abende in erster Linie dem eigenen Amüsement dienten und er die jungen Darsteller mit Regisseuren und Funkleuten bekannt machen wollte, so ist sein Stolz unübersehbar, wenn die Presse seine Abende als »Weltkabarett« bezeichnete. Man schrieb, der Geist des alten *Zwiebelfischs* und des *Simplicissimus* gehe um und auf der winzigen Bühne standen auch Große wie Pamela Wedekind, Walter Kiaulehn, Adolf Gondrell, Gertrud Dahlmann-Stolzenbach, Trude Hesterberg, Marietta, Axel von Ambesser, Fritz Kortner und Gerd Fröbe. Das Künstlerhonorar blieb bescheiden: Ein Essen und, wenn es hochkam, eine Flasche Wein.

Als es dem *Monopteross* in Schwabing zu laut wurde, zog es ins neue Café Stefanie, das für die Menschen das legendäre Café war, zu dem »allerlei Leutchen« gingen, die sich schöngeistigen Müßiggang leisten konnten, die man Bürgerliche Boheme nennen kann. Die zwei Reden im Café Stefanie nach dem Umzug, eine »Dienstagsrede« und die Eröffnungsrede, sind erhalten geblieben und werden ungekürzt im Buch zitiert. Es ist übrigens der einzige Kabarett-Text, der zeitlich eingeordnet werden kann. Dies kann nicht von den Gedichten gesagt werden. Ich nehme aber an, dass sie irgendeinmal an einem seiner vielen Abende vorgetragen wurden.

Aber die Kundigen wussten wie PPA, dass die Scheinblüte des Nachkriegs-Schwabings bereits überschritten war. Die damaligen vielen Neugründungen überlebten nur kurz. Auch das *Monopteross* wurde »geschlachtet«. Schwabing hatte seine Zeit nach PPA gehabt. Überlebt hat bis heute der *Seerosenkreis*, in dem der Herausgeber zweimal unter seinem späteren Leiter Ernst Günther Bleisch PPA vortragen konnte. Weiter existiert noch das Amt des Bürgermeisters der Traumstadt, zu dem sich PPA um 1948 selbst ernannt hatte; 1965 übernahm es Rolf Flügel und 1987 sein Großneffe.

Bedanken möchte ich mich bei dem Deutschen Kabarettarchiv, dem deutschen Literaturarchiv Marbach, dem bayerischen Staatsarchiv, dem Harald Fischer Verlag, der Monacensia München, der Münsteraner und Kölner Universitätsbibliothek für die Beschaffung der Texte. Wertvoll waren mir auch die Nachlässe meines Vaters, Dr. Wilhelm Althaus, Karl Norbisraths, Doris Hüskens, Hermann Geiselers und Toni Kuchlers in meinem Privatarchiv.[*]

Aus der Chronik am Ende des Buches soll hervorgehen, dass PPAs eigentliche Schaffenszeit in schwierigen Zeiten lag. Aber er behielt seinen Humor. Altbundespräsident Heuss, ein guter Kenner der deutschen Literatur, zählte ihn zur heiteren Lyrik, zu einem Nachfahren von Morgenstern und Ringelnatz.

Köln, im Frühjahr 2011

Hans Althaus
Dritter und derzeitiger Bürgermeister der Traumstadt

---

[*]Bemerkenswert in diesem Zusammenhang ist das Buch von Walter Gödden, *Kabarettheroen aus Westfalen*, Aisthesis Verlag, Bielefeld 2009.

Prosa
in der Zeitschrift *Der Send*

Über den Tanz

I.
Seien wir ehrlich: Wir verachten die Metrik.

Mit dem Bewusstsein, mit dem Bewusstgewordensein (ob durch Subjekt oder Objekt ist in letzter Konsequenz nicht gleichgültig) Einzelwesen darzustellen, verachten wir die Metrik. Metrik ist System.

Wir wollen nicht mehr System.

Die unzähligen erschienenen Dramen seit der Revolution, die noch unzähligeren verborgenen Dramen, die von Mensch, Menschwerdung, Menschentum reden, schreien, sich überschreien, zeugen davon.

Wir lachen über die Beckmesserischen.

Die Heutigen fordern: Rhythmus.

Umso unverständlicher ist die Tanzwut, die nach dem Kriege einsetzte und sich bis heute hielt. Der an Metrik gebundene Taumel.

Vorgeschriebene Bewegung, vorgeschrieben durch ein Tanzmeister – na, ja – Gehirn. Erfunden aus zweiter Hand. Aus der Beobachtung sich überfressen habender und an Leibschmerz leidender Pinguine. Fihswalk, Foxtrott! Anleihen, wenn auch nur dem Wort nach, denn in diesem Fall ging die Beobachtungsgabe des Tanzmeister-Erfinders nicht weiter, aus dem Tierreich.

Das ist das krasseste, zynischste Geständnis des inneren Gehalts jetztweiliger Vergnügung. Das glatte Zugehen: Wenn wir Menschen uns amüsieren wollen, werden wir zu Tieren. Oder ahmen sie nach !!! Die's am besten können, werden preisgekrönt.

An und für sich wäre dies Geständnis erfreulich, wenn das Geständnis einer Erkenntnis entspränge, aber es ist nur ein Ausplaudern.

II.
Ich wollte vom Tanz sprechen und nicht vom Foxtrott. Da ist Jazz und Shimmy. Die aber auch nicht dazu gehören.

Eine Entwicklung des Tanzes vom Springen vor Freude bis zum wohlerzogenen Valse bleu mit weißen Handschuhen zu geben, erübrigt sich wohl, zumal ich gar nicht daran denke, den Jazz, Chimmy und Valse brune mit tangofarbenen Handschuhen zum Tanz zu rechnen.

III.
Es gibt beim Kunsttanz, wenn man registrieren will, drei Arten.

Oder anders: Es herrschen bei den Tänzerinnen von heute drei Ehrgeize: Zu sein: Philosophische, literarische, musikalische Tänzerin.

Oder noch anders: Die Frau mit dem Willen zur Kunst, aber nicht mit der Kraft zur Kunst, wird den Tanz zum Ausdruck des Könnens zur Freude machen. Je nach ihrer psychischen Veranlagung wird sie unterbewusst in eine der drei ebengenannten Kategorien hineingedrängt. Es sei denn, dass sich eine intellektuelle Frau mit bewussten Zielen den Tanz zu Ausdruckszwecken erkiese. Dann wird aber kein Tanz getanzt, sondern ein psychologisches Experiment verübt. Natürlich erliegen dieser Gefahr auch sehr leicht die philosophischen Tänzerinnen (ohne Intellekt), deren Tanz seelische Mimik werden soll, dessen Verseelung aber an dem Körperhaften des Tanzes scheitert. Es kann nicht die Aufgabe des Tanzes sein, Weltanschauungsfragen, irgend ein dunkles Sehnen zu Gottesdienst, subtile tiefste Lyrik darzustellen, schon deshalb nicht, weil dem Träger der tänzerischen – an und für sich körperlichen – Idee die Möglichkeit fehlt, und zwar nicht aus Mangel an Kraft zur Kunst, seine Idee physisch wiederzugeben.

IV.
Der literarische Tanz (Niddy Impekoven z. B. *Leben der Blume*) wird zwangsläufig zur Pantomime. Und letztere ist Aufgabe des Kinos.

Bleibt also nur noch der musikalische Tanz.

Eine feuilletonangebene Zeitung, beziehungsweise deren Rezensent fixierte neulich mal in einer … na, ja Kritik (siehe I. bei dem Tanzmeister) über einen Tanzabend von Hannelore Ziegler, einer der befähigten musikalischen Tänzerinnen, den Unterschied zwischen Tanzkünstlerin und Tänzerin.

Die Tanzkünstlerin tanzt nicht.

Bleibt also, wie gesagt, nur der musikalische Tanz.

Die Zahl der musikalischen Tänzerinnen ist Legion. Viele fühlen sich berufen, kommen mit großem Wollen und bevölkern schon nach kurzer Zeit das Varieté vierten Ranges, um – ihre nackten Beine sehen zu lassen.

Es gehört mehr zum musikalischen Tanz als nur gymnastisches Beherrschen der Glieder.

Der musikalische Tanz, die einzige Tanzform, hat mit Kunst überhaupt nichts zu tun. Ist auch keine Kunst für sich.

Beweis: Das Übergreifen des philosophischen und literarischen Tanzes auf eins der adverbal angedeuteten Gebiete ist kein Tanz mehr. Oder noch nicht Tanz. Die psychologisch zergliederte und zergliedernde Bewegung bleibt unter dem Tanz, die Pantomime geht zwar nicht über den Tanz hinaus, aber sie läuft links, wenn der Tanz rechts geht.

V.

Tanz ist Befreitheit durch: Unter den Körper.

Deutung musikalischer Linie im Fluss der Glieder.

Ornament am rhythmischen Unterbau der Musik.

Darum bleibt der Tanz immer mit der Musik verbunden, selbst wenn die Musik nur Händeklatschen oder Gongschlag ist.

Auch der geistvollsten Tänzerin wird es nicht gelingen, Musik dem Auge sichtbar zu machen ohne Beteiligung des Ohres.

Sie müsste denn bildhaft werden.

Und das ist Aufgabe der Malerei.

Der abstrakten Malerei.

Send, 2. Jg., Heft 1, Januarheft (1922), S. 5–6.

Geschichten vom Herrn Jemand

I.

An einem Abend stritt sich Herr Jemand mit dem Polizisten seiner Kleinstadt darüber, ob die Sonne vor oder hinter der Stadt unterginge. Man muss zugeben, dass es ein seltsamer Polizist war.
Derweilen ging die Sonne stolz und majestätisch einfach unter.
In Wirklichkeit natürlich drehte sich die Erde um die Sonne herum. Wenigstens bis zum nächsten Galilei.
Herr Jemand und der Polizist kamen zu keiner Einigung. Der Polizist fühlte durch das respektlose Vorgehen der Sonne – er war dem besprochenen Problem zum ersten Male näher getreten – seine polizeiliche Machtstellung bedroht; Herr Jemand ging sinnend nach Hause. Ganz spät in der Nacht zwischen zwei Atemzügen fiel ihm ein, dass er sich zum Beweise seiner Behauptung, die Sonne ginge hinter der Stadt unter, einfach hätte herum zu drehen brauchen.
»So bin ich«, schloss er traumtief »die Umdrehung in der Umdrehung, also, wenn ich will, der Angelpunkt der Welt.«

II.

In einer späten Sommernacht fror Herr Jemand an den Beinen. Davon wachte er auf. Weil er weder auf der rechten noch auf der linken Seite wieder einschlafen konnte, beschloss er, seinen Enkeln, die im Nebenzimmer schliefen, die Geschichte von der Vertreibung Adams aus dem Paradiese zu erzählen.
Also setzte er sich auf den Bettrand seines jüngsten Enkels und hub an: »Hört einmal die Geschichte von der Vertreibung Adams aus dem Parajenes!«
»Paradieses«, verbesserten ihn seine Enkel.
»Habe ich Parajenes gesagt?«, fragte Herr Jemand, über sich selbst verwundert.
Dann begab er sich kopfschüttelnd wieder zu Bett, ohne seinen Enkeln die Geschichte erzählt zu haben.
Als ihm die ganze Bedeutung seines Versprechens aufgegangen war, fror er auch auf dem Rücken.

Und er nahm sich vor, nie wieder in der Nacht Geschichten zu erzählen, zumal, wenn er von einer Traumreise noch nicht wieder zurückgekommen war.

Um sich nicht als Großvater seinen Enkeln gegenüber des Unmutes seiner Überzeugung zeihen zu müssen.

III.
Der Herr Jemand ging abends spät durch die grünen Straßen, erläuterte mit seinem Spazierstock die nächtliche Stille und dachte an nichts, d. h., er dachte verschwommen.

Plötzlich hatte er eine Geruchsvision.

Er hatte noch nie eine Geruchsvision gehabt und wusste daher nicht, wie er sich verhalten sollte, d.h., er wusste nicht, ob er sich die Geruchsvision durch die Nase oder durch seine Augen vermitteln sollte.

Da die Geruchsvision sich nicht in Anspruch genommen sah, verschwand sie unbenutzt.

IV.
Auch diese Geschichte ist Herrn Jemand nicht passiert, sondern diese Geschichte passierte Herrn Jemand oder ganz genau: Diese Geschichte passivierte Herrn Jemand.

Eines Morgens begegnete Herr Jemand einem Bekannten, der bedauerlicherweise blind war. Die beiden gingen eines Stücks des Weges zusammen und als sie sich verabschiedeten, sagte Herr Jemand (als Maß aller Dinge): »Auf Wiedersehn.«

An der nächsten Straßenecke fiel ihm ein, dass er mit seiner Verabschiedung einen Fehler gemacht hatte.

Wieder umzukehren und sich unter irgendeinem Vorwand von neuem zu verabschieden, hielt Herr Jemand nicht für angängig, da die Unmittelbarkeit dieser Wiedergutmachung den Blinden erst recht verletzt haben würde.

»Nur eine gewisse Distanz, entweder durch Raum oder Zeit«, so überlegte er, »konnte die Ungeschicklichkeit seiner Verabschiedung verwischen.«

Da er Einstein nicht kannte, entschloss er sich für die Distanzierung durch Raum und Zeit, ging nach Hause und verfasste einen Entschuldigungsbrief, den er in den l e t z t e n Briefkasten der Stadt warf und zwar o h n e P o r t o.

Die mögliche Verweigerung der Annahme durch den Blinden wäre für Herrn Jemand die vollkommenste Lösung der peinlichen Angelegenheit gewesen.

V.

Herr Jemand hörte zum ersten Male in seinem Leben von der »schöpferischen Pause«.

Da er immerhin bloß der Herr Jemand war, wirkte die Mitteilung in ihm solchermaßen nach, dass er erst nach geraumer Zeit zu dem Resultat gelangte, der liebe Gott habe die Welt nicht in sechs Tagen, sondern in sechs Nächten erschaffen.

Als er diese Folgerung seinen Freunden, die immerhin bloß Freunde von Herrn Jemand waren, und noch nichts von der »schöpferischen Pause« gehört hatten, mitteilte, und diese Zweifel verlautbarten, führte er als Argument die Blindschleiche an.

Herr Jemand überlegte sehr sorgfältig:

Womit Herr Jemand kundtat, dass er die »schöpferische Pause« nicht kapiert hatte, oder seinem Gewährsmann über die »schöpferische Pause« ein nicht gerade hervorragendes Zeugnis hinsichtlich dessen pädagogischer Fähigkeiten ausstellte.

VI.

Herr Jemand hatte einen Witz gemacht. Der Witz war so ungeheuerlich, dass niemand darüber zu lachen wagte. Jeder suchte peinlich in Gegenübers Mienen nach kleinem Muskelzug, ob Augen sich fältelten … Ängstlich sehnte man Fräulein Plunders Meckern, das seiner Misstönigkeit wegen sonst gefürchtet war, herbei.

Nichts trat ein. Der Witz, der so ungeheuerlich war, dass niemand darüber zu lachen wagte, rannte sich an der Stille den Schädel ein.

Herr Jemand erfasste die Lage blitzschnell und stellte sich und die andern auf Mitleid um. Ehrlicher ist noch nie gelacht worden.

VII.
Herr Jemand machte die für die kleine Stadt neue Mode mit und trug keinen Hut.

Vier Bekannte, denen er durch ein Neigen des Kopfes einbezüglich des obersten Körperteils seine Wünsche hin betreffs des Tagesverlaufes zum Ausdruck brachte, grüßten nicht wieder.

Drohliche Fragen tauchten vor Herrn Jemand auf: War er nicht gerade so gut berechtigt, eine neue Mode mitzumachen, wie jeder Andere? Hatte man ihn nicht gesehen? Schnitt man ihn?

Der fünfte Bekannte ging am Betroffenen vorüber, als ob Betroffener Luft wäre. Der Betroffene, – Herr Jemand, – pflegt ansonsten einen Kalabreser zu behaupten.

Es wurde ihm eine bittere Klärung, dass er nur aus einem Kalabreser bestanden hatte.

Sich zum Trost, den andern (wie er hoffte und demzufolge glaubte) zum Ärger, sagte er sich während seines masochistischen Spießrutenganges durch die Stadt zweihundertzehnmal den schönen Satz vor:

»Ich bin ein ungewohntes Stadtbild!«

VIII.
Herr Jemand überlegte sehr sorgfältig:
1. er ist mein Freund,
2. sein Drama ist schlecht,
3. seine Feinde werden sich einen Hauptspektakel daraus machen, sein Drama heute abend auszupfeifen,
4. ich bin sein Freund,
5. als wahrer Freund habe ich die Pflicht, sein schlechtes Drama nicht zu loben,
6. wenn ich es tadele, glaubt er nicht an meine wahre Freundschaft.
So überlegte Herr Jemand sehr sorgfältig.

Abends sah man Herrn Jemand, als der Vorhang sich senkte,

eine trauerumflorte D-Fuß-Flöte aus der Brusttasche ziehen und hörte, als die Feinde des Autors ihre Hausschlüssel gellen ließen, Herrn Jemand auf seiner trauerumflorten Flöte eine sanfte Arie blasen.

Prosa und Dichtungen in der Zeitschrift *Jugend*

... EX FABULA

Der Not ging's schlecht.

In ihrer guten Zeit konnte man sie nicht korpulent nennen. Jetzt bestand sie nur noch aus Haut und Knochen. Damit ihr das Fell nicht in hässlichen Falten auf die Füße hing, hatte sie es mit Sicherheitsnadeln festgesteckt.

Mit müden schlurfenden Schritten schlich sie durchs Land.

Nirgends fand sie eine Ruhestatt.

Von ihren früheren guten Freunden, den Arbeitslosen, wurde sie verächtlich über die Achseln angesehen.

Die Armen lachten sie aus, als sie bei ihnen anklopfte und verriegelten ihr die Türen. – Zu den Reichen wusste sie den Weg nicht.

Eines Tages, als sie auf einer Kanalbrücke stand und überlegte, ob es nicht besser sei, diesem Jammerleben ein Ende zu machen und ins Wasser zu springen, begegnete ihr ein alter Mann.

Ein alter Mann mit einem grauen Bart und buschigen Augenbrauen, den sie den Propheten nannten. Der redete der Not die Selbstmordgedanken aus und versprach ihr eine feste Anstellung an seiner Schule.

Dort soll sie beten lehren.

– – –

Bald wird die Not wieder obenauf sein.

alth.[*]

Jugend, 24. Jg., (1919), S. 340.

[*] Es ist die einzige Arbeit von PPA, die er mit einem Kürzel signiert hat.

Kleine Legende

Eines Tages stieg der liebe Gott vom Himmel herunter und setzte sich als Bettler an einen Grabenrand.

Vor sich hin legte er, wie die Bettler das tun, seine Mütze und wartete auf die Vorübergehenden.

Die Mütze des lieben Gottes aber war eine so genannte Gerechtigkeitsmütze, und wir werden gleich sehen, was es mit dieser Mütze für eine Bewandtnis hatte.

Als der liebe Gott eine Weile an dem Grabenrand gesessen hatte, da kamen zwei Leute vorbei, ein Reicher und ein Armer.

Der liebe Gott streckte seine Hand aus und murmelte seine Bettlersprüche.

Der Reiche zog seine goldbestickte Börse und warf einen Hunderter in diese Mütze des lieben Gottes und der Arme nestelte aus seinem Taschentuch einen Pfennig und warf ihn ebenfalls in die Mütze.

Die Mütze aber hatte die Eigenschaft, dass sie die Gaben der Geber nach ihrem Wert verwandelte.

Und aus dem Hunderter des Reichen wurde ein Pfennig, und der Pfennig des Armen wurde ein Hunderter.

Als dies geschehen war, gab der liebe Gott sich zu erkennen und sagte: »Gott vergelts, ich bin der liebe Gott. Hier nehmt euer Eigentum zurück.«

Und da nahm der Reiche den Hunderter des Armen und der Arme nahm sich den Pfennig des Reichen zurück, und der liebe Gott schaute ihnen etwas verdutzt nach.

Jugend, 33. Jg. (1928), Seite 777.

Wie wir den Filmstar Rica Roca machten
Eine Reklame-Geschichte

Wissen sie, wer und was die Jerichoposaunenaktiengesellschaft ist? Kaum, denn wir sind mit unserem Namen nie an die Öffentlichkeit getreten. Aber dafür sind unsere Produkte umso bekannter. Sie wissen zweifelsohne, wer Ford ist? Ferner ist ihnen der berühmte Shell bekannt. Außerdem kennen sie den Dichter Shaw, George Bernhard Shaw, den Schriftsteller Ludwig Emil und die Kanaldurchschwimmerin Miss Dropsy. Somit kennen sie auch die Jerichoposaunenaktiengesellschaft, nur dass sie noch nichts von dieser Gesellschaft gehört hatten. Wenn die Jerichoposaunenaktiengesellschaft nicht wäre, so wären Ford, Shell, Shaw, Emil und Miss Dropsy nebst verschiedenen anderen Zelebritäten, die wir hier aus Platzmangel und Diskretion nicht aufgeführt haben, auch nicht.

Die Jerichoposaunen-AG ist ein Reklamebüro allergrößten Stiles, das im Verborgenen arbeitet. Wir für die anderen! Ist unsere Divise. Einer unserer obersten Geschäftsleitsätze heißt: So unauffällig wie möglich. Die oben genannten Berühmtheiten sind unsere Kreationen. Wir haben sie gemacht. Sie haben derartig hohe Provisionen an uns zahlen müssen für ihren von uns besorgten Ruhm, dass die Jerichoposaunen-AG nächste Woche aufgelöst werden wird. Wir haben genug und können uns auf den gelieferten Lorbeeren ausruhen. Als Abschluss unserer Tätigkeit lüften wir heute den Schleier über unserem Geschäftsverfahren, einen erstaunlich einfachen Schleier oder vielmehr ein erstaunlich einfaches Geschäftsverfahren. –

Da ist z. B. der vorhin genannte Dichter Bernhard Shaw. Haben sie schon einmal darüber nachgedacht, warum fast alle Fotografien dieses Dichters am Wasser aufgenommen worden sind? G. B. Shaw am Como-, Luganer-, Walchen-, Titicacasee? Dass auf den meisten Bildern von ihm nur Wasser zu sehen ist oder höchstens Wasserkringel? Ist in ihnen nicht der Verdacht aufgetaucht, dass es schon ein recht ungeschickter Fotograf gewesen sein muss, der den Dichter jedes Mal gerade in dem Augenblick auf die Platte gebannt hat, wo der Dichter untergetaucht, verschwunden, unsichtbar war? Die einzige Fotografie, auf der seine Person zu sehen ist, ist die mit der Unterschrift: »Der Dichter in seinem Heim«, wo er mit dem Rücken zum Beschauer auf dem Sofa liegt. Aber selbst auf dieser Fotografie ist Wasser zu sehen, eine Flasche Eau de Cologne. Dieses Eau de Cologne ist sogar die Hauptsache auf dem Bilde des Dichters. Sie werden das Vorhandensein der Flasche Eau de Cologne ganz verstehen, wenn wir den Schleier unseres Geschäftsverfahrens gelüftet haben werden.

Die Revue *The Weekly Mirror* glaubte, vor einem halben Jahr den Nagel auf den Kopf getroffen zu haben, in dem sie G. B. Shaws Wassersucht als eine Nationaleigentümlichkeit englischer Poeten erklärte. Habe doch schon Lord Byron ... Canale grande ... Bucht von Portovenere ... usf.

Was der *Weekly Mirror* aber nicht erklären konnte, das war die absolute Unsichtbarkeit des Dichters auf allen seinen Porträts. Well, das können w i r ... erklären, die Jerichoposaunen-AG. Die Sache ist sehr einfach: Der Dichter G. B. Shaw existiert gar nicht. Auf den wenigen Fotos, auf denen seine Figur zu sehen ist, trägt er einen Bart. Leute, die einen Bart tragen, haben meistens etwas zu verbergen, ein schmutziges Vorhemdchen, einen zu großen Adamsapfel, einen abgetragenen Schlips. Was verbirgt G. B. Shaw hinter seinem Bart? Sich selbst, d. h., seine Nichtexistenz. Er ist eine von der Jerichoposaunen-AG in die Literatur eingeführte Figur, der Auftrag eines Mäzens, der etwas zur Hebung salonsozialistischer Literatur tun wollte. Aber wir wollten nicht von Shaw sprechen, sondern wir wollten erzählen, wie wir die Schauspielerin Rica Roca machten. Da unser Geschäftsverfahren bei allen unseren Kreationen im Wesentlichen dasselbe war, so würde es nicht viel Unterschied bedeuten, ob wir die Kreation Shaws oder die Kreation Rica Roca erzählen. Entgegenkommenderweise erzählen wir jedoch lieber die Kreation Rica Rocas schon deshalb, weil Damen beim Publikum auf mehr Interesse stoßen.

Um indessen allen Geschmacksrichtungen gerecht zu werden, empfehlen wir denjenigen Lesern, die mehr für Shaw schwärmen, im folgenden statt Rica Roca ... den Namen Shaw einzusetzen, die Automobilisten mögen Shell oder Ford nehmen und die Rekordbeflissenen Miss Dropsy. Nebenbei gesagt, Miss Dropsy ist eines der größten Ruhmesblätter in der Geschichte unseres Unternehmens. Ihr Name war bereits in aller Munde, ehe sie den Kanal durchschwommen hatte. Um die ganze Wahrheit zu sagen, sie ist niemals durch den Kanal geschwommen.

Also eines Tages kam eine junge Dame zu uns, ein Fräulein Whatshername von den Uppertens aus der 47. Avenue. Das Leben stünde ihr bis hierher. Sie hätte die ewigen Partys und Charades satt. Sie wolle ihren Eltern zeigen, dass sie ein Mensch sei und keine Puppe, sie wolle arbeiten, ernstlich arbeiten und sie wolle eine Lebensaufgabe haben. Mister Gargoyle, unser Boss, schlug ihr vor, einen Postsekretär zu heiraten, einen Witwer mit zwölf unversorgten Kindern. Fräulein Whatshername hatte sich ihre Lebensaufgabe aber ganz anders vorgestellt. Etwas Bestimmtes? Ja, etwas Bestimmtes, Filmstar. Mister Gargoyle ließ einen prüfenden Blick über die Dame gleiten. Fräulein Whatshername war nicht schön, sie hatte ganz enorm dicke und krumme Beine. Trotzdem rief der Boss den Regisseur Wenzel Axelhard (welcher in Krotoschin Axelhaar geheißen hatte) an. Ob er für einen soeben neu entdeckten Filmstar Verwendung hätte? Wenzel Axelhard musste etwas sehr Unpassendes in das Telefon gesagt haben, als er von einem neu entdeckten Filmstar hörte, denn unser Boss schmiss den Hörer auf die Gabel und schrie krebsrot: »Sie mir auch!« Und dann wandte er sich an das Fräulein: »Mein Fräulein, wir unternehmen nur Dinge, die unseres Unternehmens würdig sind. Wie viel können sie zahlen?« Fräulein Whatshername zog ein Scheckbuch aus ihrem Pompadour und sagte: »Füllen sie aus.« Der Boss darauf: »Mein Fräulein, wenn sie sich kontraktlich verpflichten, niemals den Versuch zu machen, in einem Film aufzutreten, so verspreche ich ihnen, sie binnen kurzem zum berühmtesten Filmstar der Vereinigten Staaten zu machen. Genügt ihnen die Lebensaufgabe?« Fräulein Whatshername unterschrieb den Kontrakt, stellte den Scheck aus und tat somit den ersten Schritt auf ihrer Ruhmeslaufbahn, denn nun begann unser Schema F zu arbeiten.

Fräulein Whatshername wurde in zwanzig verschiedenen Posen aufgenommen, in Anbetracht ihres Körperbaues nur der Kopf, lächelnd, schelmisch, lachend, sehnsüchtig, munter, traumhaft, energisch und so fort. Diese Aufnahmen waren unsere einzigen Barauslagen beim Schema F. Der Scheck von Fräulein Whatshername war fünfstellig.

Die Aufnahmen wurden mit Begleitschreiben wie »Ich nutze seit Jahren ihr rühmlichst bekanntes Zahnputzmittel … meine samtene Haut verdanke ich einzig und allein ihrer Patentcreme … drücke ich meine ganz besondere Zufriedenheit mit ihrem über alle Maßen wunderbaren Augenfeuer *Tropensonne* aus … oft gerühmten Seidenglanz meines Haares kann sich jede Dame verschaffen, wenn sie gleich mir ihr hervorragenden Haarwaschmittel … würde ich mich gänzlich hilflos fühlen, wenn nicht ihr Lippenstift *Kussfest* … versichere ich, dass ihr Augenbrauensaft *Nachtschatten* der allerbeste ist, den ich je benutzt habe …« an die Hersteller der betreffenden Erzeugnisse geschickt.

Alle diese Begleitschreiben begannen: »Ich teile Ihnen unaufgefordert mit …« hatten alle denselben Mittelsatz: »Gerade ich als Filmschauspielerin …« und endeten alle: »… stelle ihnen diese Zeilen kostenlos zu Verfügung. Hochachtungsvoll Rica Roca.«

Obschon keine der Firmen auch nur im Traum von einem Filmstar Rica Roca gehört hatte, waren die Zeitungen in den nächsten Tagen mit Rica Roca geradezu überschwemmt. Eine Firma begann ihre Annonce einfach mit: »Die Filmschauspielerin Rica Roca schreibt uns …«. Eine zweite eröffnete ihre Anpreisungen: »Rica Roca, die entzückende Künstlerin …«. Andere wieder veröffentlichten den Brief Ricas mit dem Anfang: »Der gefeierte Filmstar …«.

Wir hatten den Anerkennungsschreiben Rica Rocas selbstverständlich deren Adresse beigefügt – unsere Adresse –, die getreulich mit veröffentlicht wurde. So bewiesen die Fabrikanten, dass dieser Filmstar kein Schwindel war und tatsächlich existierte.

Alle Schreiben waren an die Fabrikanten bereits eingeführter Artikel gegangen.

Schon einen Tag nach dem Erscheinen der Inserate mit Rica Rocas retuschiertem Bild kamen hunderte von Anfragen um Autogramme. Alle diese Anfragen schickten wir an Fräulein Whatshername weiter mit der Mitteilung, dass sie (eine durchzupausende Vorlage für die Handschrift der Filmkünstlerin lag bei) diese Autogrammgesuche mit dem Namen Rica Roca zu unterzeichnen hätte. Außerdem aber liefen, was für uns wichtiger war, Körbe von Zuschriften ein, von Firmen, die ihr Gesichtswasser, Kopfschuppenmittel, Zahnbürsten, Nasenduschen, Krampfaderstrümpfe, Füllfederhalter, Sektmarken, Zwergspitze, Bismarckheringe und ich weiß was noch, durch Rica Roca empfohlen bzw. eingeführt haben wollten. Diese Schreiben hatten alle denselben Endsatz: Falls die geschätzte Diva die Güte haben wollte, einige Zeilen der Empfehlung für ihr Fabrikat, man hätte sich erlaubt eine Probe zur gefälligen Benutzung beizulegen, einzusenden, so würden sie sich gern erkenntlich zeigen. Alle diese Firmen bekamen unser gedrucktes Schema-F-Schreiben zugesandt: »… pro Zeile 250 Dollars.«

Well, sie erklärten ihr Einverständnis, gaben an, wie viele Zeilen sie wünschten und zahlten. Zahlten für die Reklame, die wir für unseren Filmstar Rica Roca machten. Rica Roca avancierte sich in kurzer Zeit in den Annoncen zu der »Weltberühmtheit … der größten aller Künstlerinnen …«. Rica Rocas Filmtätigkeit bestand darin, dass sie sich täglich soundsovielte Male mit einem Gummistempel, denn handschriftlich hätte sie es nicht mehr bewältigen können, mit Rica Roca unterdruckte. Sie bekam unzählige Geschenke und Heiratsanträge zugeschickt. Die Geschenke hatte sie kontraktlich an uns abzuliefern. Ein Filmregisseur, bauend auf den Weltruf Ricas, aber in vollkommener Verkennung der Tatsachen, engagierte Rica Roca eines Tages für einen Film. Rica Roca spielte in diesem Film und verdarb sich die ganze weitere Laufbahn als Filmstar.

Das ist die Geschichte, wie wir den Filmstar Rica Roca machten.

So machten wir auch Ford, Shell, Shaw, Miss Dropsy und unsere anderen Klienten, die wir aus Platzmangel und Diskretion nicht aufzählen können. Nun werden sie auch wissen, was die Flasche Eau de Cologne auf dem Bilde Shaws zu bedeuten hat. Bei Shaw, Ford, Shell hatten wir natürlich mehr Schwierigkeiten, aber dass wir diesen Größen zu ihrem Ruhm verholfen haben, zeigt, wie prompt unser Unternehmen arbeitet. Wie gesagt, die Jerichoposaunen-AG schließt mit der nächsten Woche ihre Pforten. Wir haben genug. Rührigen Leuten sei hiermit gezeigt, wie leicht man Geld machen kann. Wir sind gegebenenfalls nicht abgeneigt, unser Unternehmen an schnell entschlossene kapitalkräftige Reflektanten zu verkaufen. Offerten erbitten wir an Postschließfach 1178 B.

Jugend, 34. Jg., Nr. 39 (1929), S. 618–628.

Die Kanone

Das Warenhaus Rubbish Brothers Ltd. hatte einen Verkäuferposten ausgeschrieben, nur allererste Kraft, vorzustellen zwischen zehn und zwölf, Direktionsabteilung II.

Josua Rubbish, einer der Brothers, der die Personalabteilung unter sich hatte, saß missmutig in seinem Klubsessel, hatte die Beine auf dem Schreibtisch liegen, rauchte die dreiundzwanzigste Virginiazigarette und fertigte den 723. Bewerber um den ausgeschriebenen Verkäuferposten ab.

Wenn die Bewerber zu Ende gesprochen hatten, verlor Josuas Gesicht den geheuchelten Ausdruck von Aufmerksamkeit, und er sagte kurz und beschäftigt: »Sie werden von uns hören« oder »Wir werden ihnen schriftliche Mitteilung geben«.

Nein, das war alles nichts, was sich da anbot, alles Durchschnitt, Unterdurchschnitt! Was Rubbish Ltd. brauchten, das war eine K a n o n e, das war ein Verkäufer, der es fertig brachte, einem Verkäufer statt des gewünschten einzelnen Schnürsenkels einen ganzen Posten Schuhe zu verkaufen, j e n e n v e r d a m m t e n P o s t e n l i n k e r S c h u h e, auf dem Rubbish Ltd. dank der Dummheit von Ben Rubbish, dem Einkäufer des Hauses, und Dank der verruchten Tüchtigkeit des Reisenden der Schuhfabrik Swindle and Liars hängen geblieben war. Die ganze Konkurrenz wusste Bescheid über diesen blöden Einkauf, und das Haus Rubbish war bereits Gegenstand vieler Witze gewesen.

Rubbishs hatten eine namhafte Prämie ausgesetzt für denjenigen ihrer Verkäufer, der den Posten linker Schuhe losschlagen würde. Aber diese Hornochsen waren nicht einmal imstande, Schuhe paarweise zu verkaufen, geschweige denn einzelne linke Schuhe. Joshua Rubbish zündete sich in denkbar schlechtester Laune die vierundzwanzigste Virginia an. Gott, was hatten sie dem Reisenden von Swindle and Liars alles geboten, wenn er zu ihnen herüberwechseln wollte. Zwanzig, dreißig, fünfzig Prozent mehr als bei Swindle. Nichts zu machen gewesen, der Mann war Swindle and Liars treu geblieben. Ja, der hätte mit dem kleinen Finger, mit dem kleinen Finger hätte der abends nach Feierabend, bloß so zum Spaß hätte der dem Käufer eines einzelnen Schnürsenkels den ganzen Restposten linker Schuhe angedreht, der Reisende von Swindle and Liars.

Joshua Rubbish warf wütend die eben angerauchte Virginia weg, zündete sich die fünfundzwanzigste an und ließ einen gerunzelten Blick über den gerade eingetretenen 764. Bewerber gleiten. Das war ein harmlos aussehender, nichts sagender junger Mann. »Pepper« stellte sich der junge Mann vor. Gerade diese Nichtssagenheit, das Typische an diesem jungen Mann brachte Joshua Rubbish in Harnisch. Er musste ein Opfer haben. »So – Pepper! Wollen mal sehen, was für eine Sorte Pepper sie sind, junger Mann. Kommen sie mal mit, Herr Pepper, wir haben in unserer Schuhabteilung ein Scherzchen für sie, Herr Pepper. Daran können sie zeigen, ob sie unseren Anforderungen gewachsen sind oder nicht, Herr Pepper«, sagte Joshua Rubbish mit einem Hohn in der Stimme, der jedem anderen als Herrn Pepper das Herz hätte unbedingt in die Hosen sinken lassen. Die beiden begaben sich in die Schuhabteilung von Rubbish. Weiß der Kuckuck, da stand, als wäre es eine Fügung, gerade ein Mann vor dem Verkaufstisch für Schnürsenkel und verlangte einen einzelnen Schnürsenkel.

Der unglückselige Verkäufer hinter dem Ladentisch bemühte sich unter Anwendung seiner gesamten Überredungsgabe, dem Mann den berüchtigten Restposten linker Schuhe anzudrehen. Laut Instruktion pries er seinem Opfer die fabelhafte Billigkeit, mit der das Warenhaus Rubbish Ltd. durch einen äußerst günstigen Einkauf zur Zeit in der Lage und imstande sei, seinen werten Kunden einzelne linke Schuhe verkaufen zu können. Der Schnürsenkelkäufer aber zeigte sich einzelnen linken Schuhen gänzlich abgeneigt und ging. – »Wie würden Sie das machen? Wir haben da einen Posten linker Schuhe eingekauft und …«, begann Joshua Rubbish. »Weiß schon, habe schon gesehen, bin im Bilde«, entgegnete Mr. Pepper, »darf ich bitten?« Und dann begab er sich hinter den Ladentisch: »So bitte, womit kann ich dienen?«

Joshua Rubbish sagte halb belustigt, halb gespannt, was nun folgen würde: »Einen Schnürsenkel.« – »Sehr wohl«, dienerte Mr. Pepper, »für braune oder schwarze Schuhe?« – »Für braune Schuhe«, sagte Joshua. Mr. Pepper holte mit gewinnendem Lächeln einen Schnürsenkel hervor. »Ich empfehle ihnen« begann er, »diesen un-ver-wüst-li-chen (dabei zerrte er zum Beweise der Unverwüstlichkeit den Schnürsenkel auseinander, wobei dieser zerriss) – t e i l b a r e n Schnürsenkel. Diese teilbaren Schnürsenkel sind eine Spezialität unseres Hauses. Unser Haus hat diese Type Schnürsenkel als ganz unverwüstlichen Strapazierschnürsenkel erst vor kurzem herausgebracht, aber es liegen bereits Tausende von Anerkennungsschreiben vor. Dieser Senkel hat den Vorteil, dass er mehrere Paare Schuhe überdauert, ohne im Gebrauch zu verlieren. Außerdem ist er von uns zum Patent angemeldet, weil er zum Unterschied von den gewöhnlichen Schnürsenkeln sowohl rechts als auch links getragen werden kann.« »Hm«, nickte Joshua.

Pepper redete, ohne sich stören zu lassen, weiter. »Dafür übernehmen wir die volle Garantie, sie wissen, mein Herr, aber vielleicht ist es ihnen noch nicht aufgefallen, dass die Strumpfindustrie neuerlich dazu übergegangen ist, drei Strümpfe als e i n Paar zu verkaufen. Erfahrungsgemäß hat sich nämlich herausgestellt, dass der eine Strumpf eher abgenutzt war als der andere. Es sind sorgfältige Statistiken darüber geführt worden, welcher Strumpf eher abgenutzt war, aber man kam wegen der Ähnlichkeit der Strümpfe zu keinem einwandfreien statistischen Ergebnis. Erst die Schuhindustrie kam der Sache auf die Spur. Die Schuhindustrie fand heraus, dass es der linke Strumpf war, weil sich nämlich ein Paar Schuhe ebenfalls nicht gleichmäßig abnutzt, sondern weil es analog den Strümpfen der linke Schuh ist, welcher der stärkeren Abnutzung ausgesetzt ist. Zwar ist bekannt, dass wir Großstädter verhältnismäßig wenig Schuhwerk verbrauchen, weil wir nicht so sehr gehen als vielmehr fahren, in Autobussen, in Untergrundbahnen, Vorortzügen und dgl. Aber das hat sich als Trugschluss herausgestellt. Gerade durch die Benutzung der Fahrgelegenheiten wird die besondere Abnutzung speziell der linken Schuhe hervorgerufen. Wie sie wissen, haben alle unsere Fahrgelegenheiten den Auf- bzw. Abstieg links. Beim Auf- bzw. beim Abspringen von Autobussen, Untergrundbahnen, Vorortzügen – bitte geben sie doch einmal die Fahrpläne für den Stadtverkehr, sie hängen da hinter ihnen an der Säule, danke schön – wo wohnen sie, wenn ich fragen darf?« »Brompton Road SW 3«, sagte Joshua fasziniert. »Dann fahren sie mit der Untergrundbahn 16 bis Kingsway«, blätterte Mr. Pepper in dem Fahrplan, »sodann mit der Tram 214. Sie kommen, mein Herr, morgens um 9 Uhr ins Geschäft, verlassen es um 12, kommen gegen 3 zurück und verlassen es gegen 7. Somit benutzen sie jeden Tag viermal die Untergrundbahn und viermal die Tram, das sind acht Aufsprünge und acht Absprünge. Von links mit dem linken Fuß, mein Herr. Acht und acht sind sechzehn. Ihr linker Schuh, mein Herr, wird täglich sechzehnmal so stark abgenutzt wie ihr rechter. Das macht, das Jahr nur zu 365 Tage gerechnet, macht das, mein Herr, eine jährliche Mehrbelastung ihres linken Schuhes von 1:2920, mit anderen Worten, im Verlauf eines einzigen Jahres erleidet ihr linker Schuh 2920 Deformationen, Erschütterungen und Schäden an Ober-, Unter und Zwischenleder sowie Brandsohle und Nähten mehr als ihr rechter Schuh. Mit noch anderen Worten, wenn sie regulär e i n e n rechten Schuh verbraucht haben, so haben sie in Wirklichkeit 2920 linke Schuhe verbraucht. Diesem Übelstand hat die Schuhindustrie nun dadurch definitiv abgeholfen, dass sie eigens linke Ersatzschuhe herstellt. (Joshua nickte. Ihm wirbelte der Kopf.) Jeder Herr, der auf Eleganz und gutes Aussehen – und das mein Herr sind die Faktoren, die heute zum Erfolg verhelfen, die vorwärts bringen, die den *success* verbürgen – Wert legt, ist durch die einsichtsvolle Maßnahme der Schuhindustrie in der Lage und imstande, sein Schuhwerk stets in tadelloser einwandfreier Ordnung zu haben. Sie, mein Herr, wollen auch vorwärts. Jeder will vorwärts. Gehen sie vorwärts, treten sie mit dem linken Fuß an, sorgen aber sie dafür, dass ihr linker Fuß genau so beschuht ist wie der rechte. Dann wird der Erfolg nicht ausbleiben. Wir haben nur noch diesen kleinen Restposten, denn viele Einsichtige haben bereits vor ihnen von der segensreichen Einrichtung der Schuhindustrie Gebrauch gemacht, sind ihnen bereits auf dem Wege zum Erfolg voraus. Wir werden ihnen diesen kleinen Restposten noch heute in ihre Wohnung nach Brompton Road senden, damit sie die anderen, die ihnen voraus sind, noch einholen können. Gestatten sie mir noch eine Bemerkung: Noblesse oblige, gutes Schuhwerk will gepflegt sein. Deshalb werde ich ihnen in ihrem eigenen Interesse noch ein Fässchen unserer hochfeinen Edelglanzpolitur mit dazu senden. Unsere Edelglanzpolitur ist so sparsam im Gebrauch, dass sie ihnen einen Rasierspiegel ersetzt. Sie werden sich künftig im

Glanz ihrer Schuhe rasieren können. Außerdem darf ich ihnen für die jetzt leider so schlechte Witterung einige Paare Gamaschen *Arche Noah* dazu legen. Sie schützen vor Erkältung und Tod, erst kürzlich sind wieder zwei Kunden unseres Hauses leider an Lungenentzündung gestorben. Unser Haus möchte sich jedoch seine Kundschaft erhalten. Außerdem hält das Schuhwerk noch einmal so lange, wenn es durch diese Gamaschen vor den Unbilden der Witterung geschützt wird. Am längsten halten die Schuhe natürlich, wenn sie nicht benutzt werden, sondern in diesen entzückenden Schuhkoffern aufbewahrt werden. Wir werden ihnen ein halbes Dutzend davon mitsenden, o bitte, das macht uns gar keine Mühe. Sodann brauchen sie unbedingt noch 43 Paar Einlegesohlen *Zehentrost*, ein Segen für jeden, der viel stehen muss, außerdem noch für jeden Schuh einen Schuhbeutel, prima Seidenrips, auch als Hausboxhandschuhe zu verwenden, wenn sie dann mal verreisen, haben sie alles hübsch beieinander, nicht wahr, jawohl, nein, keine Sorge, es wird alles noch heute geschickt, besten Dank mein Herr, sie zahlen an Kasse 13.«

Joshua Rubbish stierte mit glasigen Augen und verstörten Sinnes auf den Zettel, den er in der Hand hielt und begab sich wankenden Schrittes an die Kasse 13. Irgendwo war ihm ein Rest von Willen geblieben, und dieser Rest von Willen bäumte sich dagegen auf, dass er, Joshua Rubbish, an seiner eigenen Kasse in seinem eigenen Laden seinen eigenen Schund kaufte.

Was wollen wir noch weiter erzählen? Vier Wochen später hatte Mr. Pepper seinen Chefs den ganzen Warenbestand des Hauses Rubbish Ltd. mit 50% Nutzen für sich selbst verkauft. Mr. Pepper geht jetzt ab und zu durch das Warenhaus Pepper vormals Rubbish Ltd., und manchmal geschieht es wohl, dass er die Herren Rubbish, die jetzt seine Angestellten sind und hinter dem Ladentisch die Kunden bedienen, fragt: »Mr. Rubbish, wie wünschen sie es zu machen, wenn ein Kunde zu uns kommt wegen eines Kanarienvogels, ihm eine Zahnbürste dazu zu verkaufen?«

Dann schlagen sich die Herren Rubbish mit der geballten Faust vor die Stirn.

Jugend, 35. Jg., Nr. 7 (1930) S. 98–100.

Optimismus

Der berühmte Astronom Lalande hatte einige Leute zur Besichtigung einer Sonnenfinsternis auf seine Sternwarte eingeladen, darunter auch eine Dame.

Die Sonnenfinsternis ist eine Angelegenheit, für die es keine spezielle Kleidervorschrift gibt.

Die Dame hatte so lange überlegt, was man zu einer Sonnenfinsternis tragen kann, dass sie erst kam, als die Sonnenfinsternis schon vorbei war.

»Würden sie die Güte haben«, flötete sie den Gelehrten an, als sie erschien und hörte, dass sie zu spät gekommen wäre, »würden sie die Güte haben, nochmals anzufangen?«

Jugend, 35. Jg. (1930) S. 297.

Der Besuch

Das Mädchen bringt eine Karte.
Der Herr bäte, seine Aufwartung machen zu dürfen.
»dr. phil. maier« steht auf der Karte.
Alles klein geschrieben. Entweder ist dieser Doktor Maier aus dem Stefan-George-Kreis oder vom Bauhaus Dessau. Sonst schreibt doch keiner Hauptwörter klein. »Hat der Herr gesagt, was er wollte?« – »In einer persönlichen Angelegenheit«, sagte das Mädchen.
Zwar bin ich mitten in einer wichtigen Arbeit, aber immerhin, Bauhaus Dessau oder Stefan George-Kreis … »Ich lasse den Herrn bitten.«
Das Mädchen geht ab und kommt mit einem Herrn wieder, der dem Bild, das ich mir inzwischen von dem Stefan-George-Jünger oder Bauhäusler gemacht habe, in keiner Weise entspricht. Der Herr trägt einen viel zu kleinen, überaus speckigen Damentrenchcoat, einen schwarzen Melonenhut in der Hand und ausgediente, sehr große Stiefel an den Füßen. Er ist vollkommen kahl. Sein Gesicht besteht zum größten Teil aus einer rot angelaufenen Nase.
Nachdem das Mädchen die Tür hinter ihm geschlossen hat, räuspert er sich ein wenig und beginnt: »Verzeihen sie mein Herr, wenn ich ihnen ihre gewiss sehr kostbare Zeit raube.«
»Keineswegs« sage ich, »bitte nehmen sie Platz, Herr Doktor.«
Der Herr setzt sich umständlich auf einen Stuhl und macht es sich bequem. »Womit kann ich ihnen dienen, Herr Doktor?«, frage ich. Ich weiß nicht recht, was ich mit diesem seltsamen Philologen oder Philosophen anfangen soll.
Der Doktor kramt mit einem gewinnenden Lächeln in seiner Trenchcoattasche, zieht eine Handvoll englischer Heftpflaster heraus, breitet sie vor sich hin und spricht: »Würden sie die Güte haben, mir ein Heftpflaster abzukaufen?«
Vor meinen geistigen Augen rollen in Blitzesschnelle ab: Russische Großfürstinnen, die jetzt Barmädchen, Eintänzerinnen, Putzmacherinnen sind, ehemalige Offiziere, die als Nachtchauffeure ihr Brot verdienen, Portiers vor Tanzdielen, die auf Exzellenz und

Durchlaucht hören … ein heftpflasterverkaufender Dr. phil. ist nicht dabei. Das ist neu.

Die Stimme meines Besuchers unterbricht mein rollendes geistiges Auge. »Die Kunst, mein Herr, geht nach Brot. Ich bin stellungsloser Schauspieler. Ich habe Weib und Kind zu Hause, die ohne mich verderben, mein Herr!«

»Bitte«, stotterte ich, »als Doktor der Philosophie müssten ihnen doch, zumal sie nach ihrer Schreibweise dem Stefan-George-Kreis oder dem Bauhaus Dessau nahezustehen scheinen –«

»Ich habe nicht behauptet, dass ich Doktor der Philosophie bin«, unterbricht mich mein Besucher.

»Aber ihre Visitenkarte!«

»Ich heiße Drakon Philemon Maier, dr. phil. maier.«

Ich muss mich erst einen Augenblick sammeln, ehe ich begreife.

»Und wozu schreiben sie alles klein?«

»Aber lieber Herr, sonst kann ich doch den Philemon nicht zu phil. machen! Und sonst hätten sie doch nicht geglaubt, dass ich Dr. phil. wäre! Und sonst säße ich doch jetzt nicht hier, denn den stellungslosen Schauspieler Drakon Philemon Maier, der Heftpflaster verkauft, hätten sie doch bestimmt nicht bis in ihr Arbeitszimmer vordringen lassen, nicht wahr? Also seien sie so gut und kaufen mir ein Heftpflaster ab.«

Ich habe dem Mann seinen ganzen Vorrat abgekauft. Er hat ihn mir zum Vorzugspreis von dreißig Mark gelassen.

Gestern haben Bekannte von mir einen Sohn bekommen. Ich bin als Taufpate ausersehen. Sie wollen ihn Ottheinrich nennen. Aber ich werde mit allen Mitteln durchzusetzen versuchen, dass der Knabe auf Drakon Philemon oder Philipp getauft wird. Oder Drakon Medardus, dr. med. ist vielleicht noch nützlicher.

Jugend, 35. Jg. (1930), S. 360.

Der Maharadscha von Neirobur

Ford und Rockefeller mögen Geld haben; es kann sein, dass die Vanderbilts vermögend sind; zugegeben, dass die Rothschilds reich sind. Im Vergleich zum Maharadscha von Neirobur sind sie alle arme Schlucker.

Ford, Rockefeller und die Rothschilds können ihre Coupons selber schneiden.

Der Maharadscha von Neirobur benötigt sechs Mähmaschinen, die Tag und Nacht im Betrieb sind, um diese Arbeit zu bewältigen.

So reich ist der Maharadscha von Neirobur.

Aber er ist noch viel reicher. So besitzt er z. B. ein Klo – ich habe es mit eigenen Augen gesehen und sogar benutzt –, das ist aus purem Platin und das Becken ist aus einem einzigen Goldtopas geschnitten.

Dabei ist er in anderen Dingen wiederum von einer geradezu unwahrscheinlichen Einfachheit. Sein ganzes Orchester (für Tischmusiken, Abendsoiréen und wo immer sonst ein Maharadscha Musik braucht, bei öffentlichen Aufzügen usw.) besteht nur aus einem einzigen Drehorgelspieler.

Als ich das letzte Mal bei dem Maharadscha von Neirobur zu Gast war, kamen wir zufällig auf Musik zu sprechen und ich konnte mir trotz der indischen Etikette die Frage nicht verkneifen, ob er sich aus Musik nichts mache, weil er nur dies Einmann-Orchester hätte.

»Aber im Gegenteil, ich liebe die Musik sehr. Schade, dass sie im Februar nicht hier waren, da habe ich ein Galakonzert gegeben«, entgegnete der Maharadscha, holte das Fremdenbuch und schlug es auf, »sehen sie hier.« Ich sah über vier Seiten verstreut die Unterschriften von Furtwängler, Knappertsbusch, Hoeßlin, Siegfried Wagner, Wolf-Ferrari, d'Albert, Mascagni, Sir Henry Wood, Toscanini, Strauß, Muck, Sir Thomas Beacham, Lehar, Busch, Schillings, kurz, zweiundsiebzig namhafte europäische Dirigenten. Darunter stand in des Maharadschas Handschrift die Eintragung: »Galakonzerte am 28. Februar«.

»Ich habe weder Mühen noch Kosten gescheut«, sprach der Maharadscha weiter, während ich mit einigem Staunen all die illustren Namen las, »ihre erstklassigen Musiker für mein Galakonzert zu gewinnen.« Und dann erzählte er mir, wie das Galakonzert vor sich gegangen war. Die zweiundsiebzig Dirigenten hatten alle zusammen, im Kreise an zweiundsiebzig Dirigentenpulten stehend, dem einen Drehorgelspieler des Maharadschas von Neirobur dirigieren müssen. Es wäre, sagte der Maharadscha in seinem einwandfreien Englisch und mit einem leisen asiatischen Lächeln zu mir, ganz köstlich (*delicious*) gewesen, es wäre ein ganz hoher musikalischer Genuss gewesen, zu sehen, wie jeder der Dirigenten mit seiner Auffassung der Drehorgel zu Leibe gegangen wäre und wie jeder sich den anderen Mitdirigenten gegenüber mit seiner Auffassung durchzusetzen versucht hätte. »Sie haben ihre Boxkämpfe, ihre Sechstagerennen, ihre europäischen Sensationen, wir – wir sind noch nicht so weit«, schloss er, mich freundlich anlächelnd.

Ich glaube, der Maharadscha von Neirobur ist einer von den wenigen reichen Leuten, die wirklich was von ihrem vielen Geld haben.

Jugend, 35. Jg., Nr. 35 (1930), S. 554–555.

... DA BLEIBE, WER LUST HAT ... MIT SORGEN ZU HAUS!

Frau Lehmann hat schon Vaters weiße Weste zurechtgelegt und
 die Sonntagszigarettenspitze
und für sich selber das Grünseidene mit der handgebatikten Litze,
aber erst muss sie noch aufwaschen, weil das Mädchen heute Aus-
 gang hat;
es ist schon in aller Herrgottsfrühe weg, auf dem Sozius hinten auf
 einem Motorrad.
Früher gingen die Dienstmädchen sonntags in den evangelischen
 Jungfrauenverein oder beichteten, wenn sie katholisch waren.
Die heutigen Hausangestellten aber müssen sonntags Motorrad
 fahren,
heutzutage wollen sie alle halb so viel arbeiten und doppelt so viel
 verdienen,
und wenn man nicht den ganzen Tag dahinter steht und wenn
 man ihnen
nicht ständig auf die Finger sieht, dann wird überhaupt nichts ge-
 tan
und sonntags, wenn man mal ein bisschen Ruhe haben will, dann
 kann
man alles selber machen, damit die Dienstmädchen ihr Vergnügen
 haben
und sich Hals und Beine brechen, wenn sie in den Straßengraben
 fliegen
und nachher auf Kosten der Herrschaft liegen.
Mein Gott, Emil, Erna, seid doch endlich mal leiser, macht doch
 nicht so'nen Krach!
Könnt ihr denn nicht ein wenig Rücksicht nehmen, ihr macht ja
 Vater wach!
Wo ist denn die Tüte für den Kuchen? Ich habe sie doch eben hier-
 her gelegt?
Wenn man sich ein Stück Kuchen nehmen will, Erna, dann frägt
 man erst, ob man sich eins nehmen darf. Nachher habt ihr wieder
 keinen Appetit
und dafür nimmt man dann extra diesen Kuchen mit!

Emil, jetzt habe ich dich schon zum dritten Male gekämmt
und dein Scheitel ist schon wieder hin, zum vierten Male tue ich's
 nicht. Ja, schämt,
ja schämt ihr euch denn gar nicht? Meint ihr, in dem Aufzug
ginge ich mit euch spazieren? Erna, jetzt ist mir's aber genug!
Mach den Mund zu und zieh endlich deine Schuhe an –
wer hat denn die Kuchentüte unter meinen Handarbeitsbeutel ge-
 tan?
Gleich, wenn Vater wach wird, dann heißt es, warum wir noch
 nicht fertig sind
– lass die Katze in Ruhe, Emil, du bist das ungezogenste Kind,
das ich kenne. Emil, du sollst der Katze nicht den Schwanz
 abdrehen!
Erna-Emil! Gleich kriegst du eine Ohrfeige, Erna, du kannst mal
 vorsichtig im Wohnzimmer nachsehen,
ob Vater schon wach ist, aber sei leise mit der Tür –
wie viel Uhr ist es denn? Mein Gott, es ist schon viertel nach vier
und Vater schläft immer noch. Bis er angezogen ist,
da ist das Konzert im Bürgergarten längst aus. Erna, bleib hier,
 Erna pst!
Geh nicht ins Wohnzimmer, wenn wir Vater jetzt wecken –
Erna, was sehe ich denn da, du hast ja einen Flecken
In deinem neuen Kleid. Komm mal sofort her, dass wir es mit
 warmen Wasser auswaschen –
Emil, wie oft soll ich dir denn noch sagen, du sollst nicht von dem
 Kuchen naschen!
Mein Gott im Himmel, was ich mit euch Kindern doch für eine
 Plage habe,
ihr seid die reinsten Nägel zu meinem Grabe!
Fangt nicht an zu heulen, das fehlte gerade noch –
Emil, du ziehst mir sofort andere Strümpfe an, in dem einen, da
 ist ja ein Loch!

Jugend, 35. Jg. (1930) S. 680.

Biedermeierfriedhof[*]

Das Gedicht wurde geschrieben auf einem verfallenen Pfandschein zum Zeichen, dass alles Irdische vergänglich und gering,
und es handelt von einem Kreuzgewölbegang bei der Kirche in Tittmoning.

Allda liegen viele Tote begraben, meist bessere Leute, z. B. der wohlachtbare Herr freyresignierte Brauverwalter Volz,
der hat eine Inschrift dorten hängen mit allegorischen Hopfenblüten aus künstlich geschnitztem und bemalten Holz,

darinnen hat schon der Wurm genaget, in den Hopfenblüten, den allegorischen, künstlich geschnitzten und bemalten,
und so wird es sich auch wohl mit den seligen Gebeinen des wohlachtbaren, freyresignierten Herrn Volz verhalten;

denn die Toten hier in diesem Kreuzgewölbe sind schon alt, sie lebten in der Zeit der Berloques und der Schneckenohren
und sie sind noch alle nach der alten Rechtsschreibung mit einem »H« gebohren.

Einer sicherlich sehr hübschen Schneckenohrenfrau, Geheimbden Amtsgerichtsrathsgattin, die bereits mit 26 Jahren von hinnen gegangen,
hat der trauernde Amtsgerichtsrath ein Biedermeiergedicht im schmerzlichen Paragraphendeutsch mit vielen Achs! an die Wand gehangen.

Der Amtsgerichtsrath ist auch schon seit geraumer Zeit bei dem ewigen Richter, aber augenscheinlich ist er anderswo begraben,

---

[*] Im Nachlass meines Onkels fand ich eine zweite maschinenschriftliche Fassung des Gedichtes, die vermutlich nach 1945 entstand und zum Vergleich auf Seite 46 f. steht. Diese Version erschien auch in dem Nachlassbändchen *PPA läßt nochmals grüßen*, Stahlberg, Karlsruhe 1966, S. 39–41.

sonst würde er hier neben seiner Amtsgerichtsrathsgattin seine
    letzte Ruhestätte haben.

Neben der Gattin schlafen drei Bischöfe mit fürstlichen Wappen;
    auf einem ist eine Taube, welche der heilige Geist ist,
die aber, trotzdem sie der Heilige Geist ist, ganz wie eine gewöhnliche Taube einen Kolben Mais frisst.

Auf einer Pophyrtafel steht: »Hier liegt der Hochedle Herr Anton
    Hell, k.und k. Landphisikus« zu lesen,
und das S in Phisikus sieht aus wie ein F und man könnte meinen,
    der hochedle Herr Hell sei ein Phifikus gewesen.

Der Tod wird so leicht und so fröhlich durch solche spaßigen Sachen
und, wenn er einem plötzlich überkäme, würde man ihn freundlich anlachen.

Drüben in der Pfarrei spielt der Herr Dechant auf seinem Harmonium eine Fuge vom heiligen Johann Sebastian Bach,
und das Unsterbliche von der jungen Frau Amtsgerichtsrath und
    von Herrn Volz und Herrn Hell und den Bischöfen wird auf
    einmal wach

und singt wie eine Amsel im Garten draußen, im Hollunder,
und das ist ein großes und geheimnisvolles und ein ewiges Wunder.

Jugend, 36. Jg. (1931), S. 613–614.

Biedermeier-Friedhof

Dies wurde geschrieben auf einem verfallenen Pfandschein
zum Zeichen, dass alles Irdische vergänglich ist und gering,
und es handelt von einem Kreuzgewölbegang aus Sandstein
bei der Kirche in dem alten Städtchen Tittmoning.

Allda liegen viele Tote begraben, meist bessere Leute,
zum Beispiel der »wohlachtbare Herr freyresignierte Brauverwalter Volz«,
der hat eine Inschrift dort hängen von respectabler Länge sowohl als auch Breite
mit allegorischen Hopfenblüten aus künstlich geschnitztem und zierlich bemaltem Holz,

darinnen hat aber schon der Wurm genaget, in den Hopfenallegorien,
den künstlich geschnitzten und zierlich bemalten
und so wird es sich wohl auch mit den irdischen Partien
des »wohlachtbaren freyresignierten Herrn Brauverwalters Volz« verhalten.

Die Toten in diesem Kreuzgewölbegang sind schon alt; sie lebten
in der Zeit der Berloques, der grünen Fräcke und der gezopften Schneckenohren;
Das war eine Zeit, in der sich die Menschen einer gewissen Umständlichkeit bestrebten
und deshalb sind sie auch alle noch (nach der damaligen Rechtschreibung) mit einem »H« gebohren.

Einer sicherlich sehr hübschen Schneckenohrenfrau, Geheimbden Amtsgerichtsrathsgattin,
die bereits mit 26 Jahren von ihm und von hinnen gegangen,
hat der trauernde Amtsgerichtsrath ein langes Gedicht über ihre letzte Ruhestatt hin
(im schmerzlichen Paragraphendeutsch, mit vielen Ach's! und Oh's!) an die Wand gehangen.

Der Amtsgerichtsrath ist auch schon seit geraumer Zeit bei dem
    ewigen Richter,
aber augenscheinlich liegt er anderswo begraben,
sonst würde er hier neben seiner Amtsgerichtsrathsgattin (und da
    liegt er
nicht) ebenfalls seine letzte Ruhestätte haben.

Neben der Gattin schlafen drei Bischöfe unter drei fürstlichen
    Wappen.
Auf einem ist eine Taube, welche offenbar der Heilige Geist ist.
Sie sitzt aber merkwürdigerweise auf dem Schwanz eines teufli-
    schen schwarzen Rappen,
woselbst sie, trotzdem sie der Heilige Geist ist, wie eine gewöhnli-
    che Taube einen Kolben Mais frisst.

Auf einer Porphyrtafel steht: »Hier liegt der Hochedle Herr Anton
    Schnur
K. u. K. gewesener Landphisikus« zu lesen
und das S in Phisikus sieht aus wie ein F in der verschnörkelten
    Fraktur
und man könnte meinen, der Phisikus Schnur sei ein Phifikus ge-
    wesen.

Ja, der Tod wird so leicht und so fröhlich durch solch spaßige Sachen
und wenn er einem plötzlich hier überkäme, so würde man ihm
    freundlich in das Knochengesicht lachen.
Drüben in der Pfarrei spielt der Dechant auf seinem Harmonium
    (das ist sein Stolz)
eine Fuge vom Heiligen Johann Sebastian Bach.
Und das Unsterbliche der jungen Frau Amtsgerichtsrath und das
    Unsterbliche des Herrn Volz,
des Herrn Landphisikus und der drei Bischöfe wird auf einmal wach

und singt w i e eine Amsel, im Garten draußen, im Holunder
und das ist ein großes und geheimnisvolles und ein richtiges Wunder.

Merkwürdige Stimmung in einem Hotelzimmer in Delft

Es hat die ganze Nacht geregnet,
ich bin im Traum einem Trommler begegnet,

der trommelte mit umwickeltem Schlegel
und hinter ihm schritten zwölf feierliche Vögel,

die hatten Zylinderhüte auf den Köpfen,
mit denen mussten sie Wasser schöpfen,

denn die Trommel hatte ein ganz großes Loch.
Ich bin schon schwach, doch es trommelt immer noch.

Und die Zylindervögel, die feierhaften,
verschwinden in Schwaden, in schleierhaften –

man kann vor lauter Regen nichts sehn.
Wie mag der Traum wohl weitergehn?

Jugend, (36. Jg. (1932) 822

* Sicher spielte PPA in diesem Gedicht auf die damals zunehmende wirtschaftliche und politische Lage an. Denn in seiner Ausgabe, die 1951 im Stahlberg Verlag erschien, steht die rechts angefügte Variante. Übrigens hat der Seerosenmaler Ferry Hauber die Zylinderhutvögel traumhaft in einem Bild umgesetzt.

…
Ich bin schon wach
doch
es trommelt immer
noch
ganz fern und wie
vom Winde verweht –
Ob irgend jetzt einer
zur Richtstatt geht?
Die Zylinderhutvögel,
die feierhaften,
verschwinden in Schwaden,
in schleierhaften …
…

Das Grüne Schloss[*]

Das grüne Schloss aus grünem Stein,
das steht des Nachts im Mondenschein.

Am Tage ist es nicht mehr da,
doch nachts, da ist es deutlich nah.

Aus seinen Fenstern quillt ein Glanz,
von drinnen schrillt Musik zu Tanz,

doch niemand spielt und niemand tanzt;
und trittst du ein – was du nicht kannst –

so schießt ein Bogenschütz aus Stein
dir mitten in das Herz hinein.

Jugend, 37. Jg. (1932), S. 67.

[*] Es wird vermutet, dass das Grüne Schloss das Schloss in Münster ist. [Der Herausgeber]

Auf einer Terrasse in Taormina

– Und die Gedanken kommen in bunten
Kleidern, doch immer dieselben;
steigen aus Meereswellen, tief unten,
neigen aus hohen Himmelsgewölben,

schweben auf Duft von Fresienblüten,
leicht und wie weißer Federflaum –
und du selbst, in Dryaden in Mythen,
bist auf einmal ein blühender Baum.

Jugend, 37. Jg. (1932), S. 184.

Später hat PPA *das Gedicht um folgende Zeilen ergänzt:*

Und wenn der milde Abendwind durch Deine Zweige weht
und hüllt Dich in das Ganzgeborgene und Verträumte eines Schläfers,
dann kräuselt sich noch schnell ein Lächeln über Deine Blüten,
    ob der Güte eines Käfers,
der ernst und sehr behutsam, um Dich nicht zu wecken,
    durch die Gräser geht.*

---

* (Aus: Jobst A. Kissenkoetter, *Peter Paul Althaus*, Lechte, Emsdetten 1968, S. 85.)
Auch in: *Das Peter Paul Althaus-Gedichtbuch*, Allitera 2004, S. 69.

Prosa und Dichtungen in der Zeitschrift *Simplicissimus*

Zeitsparende Erfindungen

Das ist ein Unfug jetzt mit diesen neuen so genannten »zeitsparenden« Erfindungen, mit diesen Gebrauchsgegenständen des täglichen Lebens – ein Handgriff und schon – diesen Stockgriffen, die auch als Zigarettenetui zu verwenden sind, diesen Tabakspfeifen, mit denen man zugleich Fieber messen kann, diesen Briefmarkenanfeuchtern, die man, wenn man gerade keine Briefmarken anzufeuchten hat, als Sockenhalter tragen kann!

Das ist schon ein ganz verdammter Unfug mit diesen zentaurenartigen, janusköpfigen, hermaphroditischen Nichtfischnichtfleischerfindungen, diesen zeitsparenden Gebrauchsgegenständen! Ich habe so einen briefmarkenanfeuchtenden Sockenhalter gekauft. Nicht weil ich ihn tragen wollte, sondern weil ich ihn Mc'Pies schenken wollte. Die sind ganz versessen auf solche Erfindungen. Man weiß, dass das Haus von Douglas Fairbanks und Mary Pickford in Hollywood, das Haus Pickfair (auch so eine zeitsparende Erfindung, dies Wort; mit diesen zusammengezogenen Wörtern kam der Unfug in die Welt) voll von solchem technischen Schabernack ist.

Der alte Mc'Pie hat den törichten Ehrgeiz, es mit der technischen Ausstattung und Vereinfachung seines Heimes dem Hause Pickfair nicht nur gleichzutun, sondern das Haus Pickfair bei weitem zu übertreffen. Sein höchster Traum ist Douglas Fairbanks eines Tages einzuladen und zu erlauben, dass Douglas Fairbanks glatt auf den Rücken fällt vor Staunen.

Wenn man bei Mc'Pies die Haustür aufmacht, so fallen zwei eiserne Haken aus der Wand und reißen einem den Überzieher vom Leibe. Wer den Trick noh nicht kennt, bekommt einen tödlichen Schreck und von sieben bei zehnmal wird einem der Kragen samt Schlips ebenfalls ausgerissen. Der Schirmständer ist eine Kombination aus Gläserspülmaschine (wozu? wozu? fragt man sich, wenn man es sieht) und Bienenkorb. Mit lebenden Bienen drin. In den Flügel von Mc'Pies, der selbstverständlich elektrisch betrieben werden kann, ist eine Addiermaschine eingebaut, sodass man am Schluss einer Piece von Chopin oder Beethoven genau feststellen kann, wie viel Töne das betreffende Stück hat, ohne erst mit einem Bleistift alle Noten nachzählen zu müssen. Die Mc'Pies wetten nämlich immer. Manches ist ja ganz praktisch bei Mc'Pies.

Mit meinem Briefmarkenanfeuchter habe ich keine gute Figur gemacht. Ich wollte Mrs. Mc'Pie damit überraschen. Aber es entstand eine peinliche Stille, als ich mich anbot, Mrs. Mc'Pies Briefmarken zu befeuchten und dabei in meine Hosenbeine griff.

Es ist aber nicht deswegen, weshalb ich nicht mehr zu Mc'Pies gehen kann. Das hat einen anderen Grund. Die Sache war so: Ich musste mal wohin. Dort funktionierte das elektrische Licht nicht. Ich drehte an dem Schalter. Kein Licht flammte auf. Nun sagte ich mir, die Mc'Pies brauchen für ihre technischen Kinkerlitzchen soviel Strom, dass sie irgendwo sparen müssen. So gut es ging, fand ich mich im Dunkeln zurecht.

Einen Tag später habe ich dann erfahren, dass der gewisse Ort bei Mc'Pies durch einen elektrischen Schalter in eine mit Luftdruck betriebene Teppichklopfmaschine umgewandelt werden kann. Dies habe ich erfahren, weil Mc'Pies nämlich an dem betreffenden Tage, wo ich es erfuhr, ihren Teppichklopfer benutzt haben.

Mc'Pies haben wiederum erfahren, dass ich ihren Teppichklopfer benutzt habe. Und deswegen kann ich nicht mehr zu Mc'Pies gehen. Aber soweit ich den alten Mc'Pie kenne, wird er mir die Rechnung für den Teppich schicken.

Simplicissimus, Jg. 33, Nr. 44 (1929), S. 582.

Neuer Sport

Das Boxen ist eine großartige Sache. Mannhaft, stählend, kurz gesagt: erzieherisch. Ein rechter Volkssport. Schon für 2 Mark kann man einen guten Sitzplatz haben.

Aber dieser Sportzweig wird bald aufgehört haben zu existieren. Leider, der Revanchekampf Schmeling – Sharkey wird aller Voraussicht nach das letzte große Ereignis auf diesem Gebiete sein. Denn – denn die Wiege des Sports ist Griechenland gewesen. Daran ist nicht zu zweifeln. Zum Kampf der Wagen und Gesänge und so weiter. Und Gesänge!

Das hatte man bis jetzt ganz vergessen. Aber nun ist das Versäumte nachgeholt worden.

Der berühmte Manager Elias Mc'Elbow hat in Florida kürzlich eine ganz großartige Sache veranstaltet, die einen enormen Erfolg gehabt hat und bestimmt eine große Zukunft haben wird. Und die der Tod des Boxens sein wird. Eine ihrer größten Vorzüge ist: Sie kann durch das Radio verbreitet werden. Das konnten Boxkämpfe auch. Aber beim radioverbreiteten Boxkampf wurde einem nur gesagt: »Jetzt hat der Soundso dem Soundso einen Kinnhaken ... landet einen linken Schwinger ... geht zu Boden ...«

Das war langweilig. Man sagte sich mit Recht: Der Radiofritze kann viel erzählen. Man merkte, dass man nicht selbst dabei war.

Die neue Sache kann per Radio in allen ihren Phasen persönlich verfolgt werden. Unbeschadet, wo man sich befindet oder wo dieser neue Sport veranstaltet wird, kann man persönlich daran teilnehmen. Es ist ein ausgesprochener Hörsport. Mr. Mc'Elbow nennt sie das Ei des Kolumbus, *the egg of Columbus*. Dass man noch nicht früher auf diese Idee gekommen wäre, sei kaum glaublich, sagt Mr. Mc'Elbow. Die neue Sache ist so:

Ein volles Symphonieorchester spielt, sagen wir, eine Symphonie von Brahms. Und zwar, das ist der eine springende Punkt, nicht unter einem, sondern unter zwei Dirigenten, welche beide, das ist der andere springende Punkt und außerdem eine Vorbedingung für diesen neuen Sport, eine verschiedene Auffassung der gespielten Symphonie haben. Die beiden Dirigenten werden vorher von einem Ringrichter ermahnt, sich in sportlichen Grenzen zu halten, und dann geht die Sache los. Derjenige der beiden Dirigenten, der sich mit seiner Auffassung dem Orchester gegenüber durchzusetzen vermag, ist Sieger. Das Publikum kann an einem öffentlichen Totalisator Wetten abschließen, und da selbstverständlich auch alle Rundfunkteilnehmer wetten, so erzielt der Totalisator Riesenumsätze.

Übrigens ist durch diese neue Sache nicht nur der Boxsport in Gefahr, sondern auch die gesamte Leichtathletik. Eine Abart des musikalischen Boxsports hat bereits zum musikalischen Wettlauf geführt. Die Kurzstrecken zum Beispiel werden auf zwei Klavieren ausgeführt. Auf einer kreisförmigen Scheibe sind zwei mit A und B gezeichnete bewegliche Monde angebracht, die mit den Klavieren in einer elektrischen Verbindung stehen. Monde? Weil die Kurzstrecken mit der Mondscheinsonate von Beethoven ausgeführt werden. Je nach dem Tempo, mit dem die Mondscheinsonate gespielt wird, bewegen sich die Monde, und so sind, wie der Prospekt, der gratis mit den Eintrittskarten verteilt wird, besagt, die erzielten Geschwindigkeiten und der jeweilige Stand des Rennens jederzeit abzulesen. Wer zuerst fertig ist, hat gewonnen. Ein ebenfalls elektrisch arbeitender Zähler zählt die ausgelassenen Noten, sodass irgendwelche Schiebungen unmöglich sind. Die amerikanischen Konservatorien sind bereits den Hochschulen für Leibesübungen angegliedert. Und die Musikkritiken werden bereits von den Sportredakteuren geschrieben. So schreitet der Kulturfortschritt unaufhaltsam vorwärts.

Simplicissimus, Jg. 35, Nr. 15 (1930), S. 176.

KLEINE HELDENGESCHICHTE*

Mucius Scaevola mag ein tapferer Mann gewesen sein, mein Fall ist mehr der Sergeant Barbarouille. Das war nach der Schlacht bei Wagram.

Napoleon hielt Heerschau.

Die Reihen waren rot von blutigen Verbänden. Ungezählte Soldaten hatten die umgekehrten Gewehre unter dem Arm als Krücken.

Der Kaiser schritt die Reihen ab. Bei den schwer Blessierten blieb er stehen, sprach mit ihnen und verteilte Orden.

So kam er auch zu dem Sergeanten Barbarouille, der in der Schlacht den rechten Arm verloren hatte.

»Sie haben brav gekämpft. Sie haben ihren Arm für das Vaterland gelassen, Sergeant! Ihr Kaiser wird sie nicht vergessen!«, redete Napoleon ihn an.

»Für meinen Kaiser würde ich mit Freuden auch meinen anderen Arm opfern, Sire!«, beteuerte der Sergeant Barbarouille, während ihn der Kaiser das Kreuz anheftete.

»Nun, nun, vorläufig haben sie genug getan«, lächelte Napoleon, gerührt über so viel Diensteifer und Treue.

Der Sergeant Barbarouille legte das Lächeln des Kaisers jedoch als Zweifel an seiner Versicherung aus, zog seinen Säbel, hieb sich den anderen Arm ab und legte ihn dem Kaiser zu Füßen.

Simplicissimus, Nr. 20, 35. Jg., (1930), S. 231.

* Diese Geschichte muss PPA viele Male erzählt haben, weil er sie in seine Familiengeschichte (Peter Paul Althaus, *Sanfte Irren Geschichten*, (Pendragon 2005, Seite 19–20) aufgenommen hatte, da seine Mutter von französischen Vorfahren abstammt. Bei Wagram nahe Wien schlug 1809 Napoleon die Österreicher. Die vergleichbare Familienheldgeschichte verlegte PPA nach Marengo; hier siegte 1800 der Korse das erste Mal über die Österreicher. Man erwartet beim Lesen doch eine kleine Pointe und die hat PPA seinen Lesern in der Familiengeschichte mitgeteilt:
»Ich habe mir oft den Kopf darüber zerbrochen, wie er das Kunststück fertig gebracht hat. Schon dass er sich mit dem linken Arm den linken Arm abschlagen konnte, ist erstaunlich, aber wie er seinen Arm den Kaiser zu Füßen gelegt hat, das bleibt mir unfassbar. Er muss ihn mit den Zähnen aufgefangen und ihn in hündischer Treue sozusagen dem Kaiser apportiert haben.«

Paul Wegener stirbt

In den Anfängen seiner Laufbahn soll Wegener dies passiert sein: Er spielte in einem Stück, in dem jemand erschossen wird (ein Beweis, dass diese Geschichte sehr wohl passiert ein kann, denn in welchem Stück wird nicht jemand erschossen?). Paul Wegener also spielt denjenigen, der erschossen wird.

Es muss ein klassisches Stück gewesen sein, denn sein Mörder war mit einer Vorderladerpistole ausgerüstet. Und wenn solche Vorderladerpistolen nicht losgehen, dann kann der Ermordete zusehen, wie er von selber stirbt.

Ja, Kracheisen, Reservepistolen, Inspizient, jawohl, aber das alles war hier nicht vorhanden.

Also, der Mörder schreit: »Stirb, du Hund!« oder »Verrecke, Kanaille!« oder was er sonst gerufen hat, drückt ab. Wegener stürzt wie ein Blitz getroffen in die Knie, aber kein Schuss ist ertönt.

Geistesgegenwärtig schmeißt der Mörder die Pistole weg, stürzt sich auf Wegener und versetzt ihm mit dem nochmaligen Rufe: »Stirb, Kanaille!« einen gewaltigen Tritt in den Allerwertesten.

Brechenden Auges und mit dem Aufschrei: »Ha, der Stiefel war vergiftet!«, sinkt Paul Wegener, noch geistesgegenwärtiger, zusammen und ist tot.

Simplicissimus, 35. Jg., Nr. 25 (1930), S. 292.

Greta Garbo spricht deutsch

I.
Berta hieß sie; und sie war trotzdem ein Mädchen fürs Geld.
Im Grunde tat sie es aber aus Liebe. Sie war noch jung und es machte ihr Spaß, ganz einfach, es machte ihr Spaß. Wenn einer kein Geld hatte und er gefiel ihr, dann kam es ihr auch nicht drauf an. »Dann zahlst du eben das nächste Mal.« Sie tat es ja im Grunde aus Liebe.
Berta hätte in ein Märchen gehört anstatt auf den Strich.

II.
Irgendwer hatte Berta mal erzählt, wahrscheinlich einer von denen, die kein Geld hatten, sie sähe aus wie Greta Garbo. Seitdem sie sich daraufhin wie Greta Garbo trug, sagte es ihr jeder.
Wenn Berta die Haare glatt zurückgekämmt hatte und die kleine schwarze Kappe darüber, dann hielt sie sich sogar selber für Greta.
Selbstverständlich kannte sie alle Filme, in denen Greta Garbo spielte. In manchen Filmen war sie sogar zweimal gewesen. Sie lebte all die traurigen Schicksale Gretas tiefinnerlich mit. Und dann musste sie weinen. Sie weinte sonst nicht so leicht. Sogar bei dem Buch *Rote Rosen auf verschneiten Gräbern* von Hedwig Courths-Mahler, welches doch gewiss ein trauriges Buch ist, hatte Berta nicht geweint. Aber in den Greta Garbo-Filmen weinte sie. Das ging sie an. Das konnte sie miterleben. Weil Greta ihr so ähnlich sah.
Aber wenn die Filme aus waren, dann war Berta wieder fröhlich, ging auf den Strich und tat es aus Liebe.
Das Weinen und Greta Garbo waren ja doch bloß Kino.
Berta hätte mal mit Greta Garbo sprechen mögen, was Greta wohl dächte über das Leben und so.

III.
Und dann kam Greta Garbos erster Tonfilm.

Berta hatte beinahe Angst hinzugehen. Und Gretas persönliche Bekanntschaft zu machen, sozusagen, sie richtig zu hören, als stünde sie vor einem.

Vordem mit den stummen Filmen, das war doch anders gewesen. Da blieb immer noch etwas dazwischen; mit den stummen Filmen, das war doch mehr so, als wenn man ein Buch las. Aber jetzt mit dem Sprechen waren sie irgendwie lebendiger geworden, die Kinoschauspieler.

Berta hatte natürlich schon Tonfilme gesehen, den *Blauen Engel* und die *Drei von der Tankstelle* und solche Sachen. Die hatte sie aber einfach so hingenommen, wie sie eine neue Mode hinnahm. Man trug das jetzt so.

Aber vor Gretas Tonfilm hatte sie Angst.

IV.
Sie ging frühzeitig, damit sie die letzte Reihe des billigsten Platzes erwischte.

Greta Garbo in und als Anna Christie, ein Mädchen fürs Geld. Sie ist sogar in »Häusern« gewesen, sagt sie mit ihrer dunklen Rips-samt-stimme. Nichts ist ihr erspart geblieben. Brutale Burschen sind gekommen und haben sie vergewaltigt.

Berta sitzt atemlos und lauscht. Sie versteht zwar nicht, wie man vergewaltigt werden kann, wenn es einem doch Spaß macht, aber sie sitzt atemlos und lauscht. Kein Ton entgeht ihr.

Greta spricht, Greta Garbo selbst, persönlich. Man kann sie nicht nur sehen, man hört sie auch, sie ist da, ganz lebendig. Gretas Worte rollen über Berta hinweg wie schwere Regenböen, wie Meeresbrandung.

Berta ist ganz verwirrt.

Also so sieht die Welt aus, in der sie lebt … und so sind die Männer …

Sie hat das bis jetzt wirklich noch nicht gewusst. Die Männer sind alle freundlich zu ihr gewesen, und sie – ja, ihr hat es Spaß gemacht, ganz einfach Spaß.

»Ich habe die Männer gehasst!«, tönt es aus Gretas Mund von der Leinwand her, »gehasst, alle gehasst!«

V.
Zu Hause sieht Berta lange in den Spiegel. Dann zieht sie die rechte Augenbraue nach. Jeder Zoll ist Greta Garbo. »Ich habe die Männer gehasst, gehasst, alle gehasst!«, sagt Berta mit Gretas dunkler Rips-samt-stimme vor dem Siegel.

VI.
Berta verlangt jetzt dreißig Mark Mindesttaxe. Und es macht ihr keinen Spaß mehr, und sie tut es nicht mehr aus Liebe.

Simplicissimus, 35.Jg., Nr. 46 (1931), S. 548.

Vorspruch zum Goethe-Jahr[*]

Alle Forscher sind schon da,
jetzt beginnt das Goethe-Jahr.
Professoren
und Doktoren
deuten, drehen
oder bohren
je nach Fach und Fakultät
an dem,
wie es bei Goethe steht.

Sehr geehrte
lange Bärte
brabbeln, quasseln
in dieselben
und vermelden
und verfechten
was sie über Goethe dächten.

Hei, was wird man alles hören
von gelehrten Professören!
»Goethe und das –«,
»Goethe als –,«
tuen sie gewichtig kund das,
(überzeugt aus vollem Hals
mit dem Unterton: Wir müssen
es ja immerhin wohl wissen,
denn wir haben es studiert!),
was an Goethe interessiert.

---

[*] Man feierte den 100. Todestag von Goethe, der am 22. März 1832 gestorben war. Die damalige Zeitung *Welt am Sonntag* hatte das Gedicht in ihrer Ausgabe vom 20. März 1932 übernommen. (S. Peter Paul Althaus, *Das Lied vom kleinen Mann*, Allitera Verlag, S. 37–38.)

Wenn man Goethe einmal läse,
wär'n die Professoren böse,
weil sie, die gelehrten Herren,
nämlich überflüssig wären,
insbesondere und sogar
grade jetzt im Goethejahr.

Goethe denkt von diesen Dingen
höchstwahrscheinlich: » – – – Berlichingen!«

Simplicissimus, 36. Jg., Nr. 51 (1932), S. 603.

Es klingelt ...

So gegen elf Uhr morgens. Ich sitze auf dem Klo. Es klingelt.

Wenn man keinen Diener hat zum Türöffnen, ist es unangenehm, wenn man auf dem Klo sitzt und es klingelt. Es könnte der Geldbriefträger sein oder sonst eine Wichtigkeit.

Ich rufe aus dem Klo in den Gang hinaus. »Augenblick, ich komme gleich!«

Keine Antwort.

Ich rufe nochmals: »Augenblick, bitte, ich komme gleich!«

Eine Stimme draußen: »Ja, ja.«

In Eile ziehe ich meine Hose an. Es geht nicht so schnell, wie ich wohl möchte. Ich höre, wie sich draußen Schritte entfernen.

Ich fasse meine Hose zusammen, renne den Gang entlang, öffne die Etagentür, gehe hinaus, sehe einen Mann unten die letzten Treppenstufen hinabsteigen.

»Hallo! Sie! Hallo, was ist?«

Der Mann winkt philosophisch lächelnd mit der Hand ab. »Is ja net wichtig, is ja gar net wichtig, ich wär ja bloß zweg'n Betteln kommen«.

Simplicissimus, Jg. 37, Heft 13 (1932), S. 152.

Der Umweg ins Glück

I.
Es gibt viele Wege des Sich-Kennen-Lernens. Man braucht sich nicht einmal selbst kennen zu lernen. Es gibt sogar Institute, die mit großer Sorgfalt und vieler Regiekunst das Sich-Kennen-Lernen vermitteln.

Annemarie und der Dichter hatten es einfacher.

Annemarie war Verkäuferin bei Tietz in der Schreibwarenabteilung. Der Dichter hatte einen Radiergummi oder Kohlepapier oder was weiß ich sonst bei Annemarie gekauft – und schon war die Bekanntschaft gemacht.

II.
Der Dichter hatte sich für den nächsten Sonntag mit Annemarie verabredet. Annemarie wartete auf diesen Sonntag mit ziemlicher Spannung. Der Dichter war ihre erste Bekanntschaft mit Dichtern. Dichter gibt es ja nicht so viele wie zum Beispiel Zahlmeisteraspiranten. Zahlmeisteraspiranten kannte Annemarie bereits, aber Dichter noch nicht.

Was alles würde Annemarie ihren Kolleginnen im Geschäft erzählen können, wenn sie mit einem Dichter ausgegangen war! Vielleicht würden die Leute an ihnen vorübergehen, die seine Gedichte gelesen hatten, würden sich nach ihnen umdrehen und sagen: »Sieh, da ist ja der Dichter! Wer mag wohl die Dame sein?«

III.
Annemarie hatte nussbraune Haare mit einer flachsgelben Strähne drin. Das hatte der Dichter apart gefunden. Er konnte nicht wissen, dass die flachsgelbe Strähne die Überreste einer ehemaligen Wasserstoffsuperoxydblondheit darstellten.

Annemaries Zahlmeisteraspirant hatte ihr bei Gelegenheit mal sehr bestimmt gesagt, dass eine Frau mit unnatürlichen Haaren für ihn überhaupt nicht in Frage kämen.

Daraufhin war Annemarie zur Natur zurückgekehrt.

Der Dichter hatte »irgendwie« gespürt (Dichter spüren immer nur »irgendwie«), dass Annemarie »irgendwas« mit der Natur hatte. Ebendeswegen hatte er ihre Bekanntschaft gemacht.

IV.

Am Sonntag trafen sie sich beim Bahnhofseingang.

Sie fuhren an einen See.

Es war strahlendes Wetter.

Aber dann bezog sich der Himmel, und es fing an zu regnen.

Annemarie hatte keinen Schirm mit.

Der Dichter nahm seinen Hut ab und sprach von der heimlichen Melodie des Regens, von dem Rauschen, in dem die Stimmen verschollener Götter wieder lebendig würden, und noch vieles mehr sprach der Dichter. Der Dichter berauschte sich an dem Regen.

Annemarie wurde bloß nass.

Aber dann kam die Sonne wieder durch. Der Dichter pries die Möwen über dem See, dass die Fische ein Symbol der Unsterblichkeit seien, und noch etliches sonst sagte der Dichter.

Annemarie verstand das nicht ganz. Sie glättete mit zusammengepressten Daumen und Zeigefinger eine Plisseefalte in ihrem Rock. Außerdem hatte sie Hunger. »Fische«, dachte sie und sah eine knusprig gebratene Renke mit Salzkartoffeln und grünem Salat vor ihrem geistigen Auge.

Der Dichter überreichte Annemarie eine wunderbare, tiefblaue Blume, die er am Ufer des Sees gepflückt hatte.

Und dann fuhren sie wieder nach Hause. Als sie sich unter Annemaries Tür verabschiedeten, lehnte Annemarie einen Augenblick ihren Kopf zurück und schloss die Augen, als warte sie auf etwas.

Der Dichter drückte Annemarie die Hand so vorsichtig und zart, als ob Annemarie eine Porzellanpuppe sei. »Stellen sie die Blume in eine Schale aus rubinrotem Glas«, sagte er. Dann ließ er ihre Hand los und ging.

Annemarie hatte keine Schale aus rubinrotem Glas. Sie stellte die Blume in eine Tasse.

Ganz kurz vor dem Einschlafen hatte Annemarie das Gefühl, dass sich Bratfisch mit Bratkartoffeln und grünem Salat für einen Sonntag mit einem Dichter vielleicht nicht gehörte.

V.
»Na, wie war's?«, fragten die Kolleginnen in der Abteilung für Schreibwaren.
　»Schön«, sagte Annemarie.
　»Dann erzähl doch mal!«, baten die Kolleginnen.
　»Das kann man nicht erzählen«, sagte Annemarie.

VI.
Die blaue Blume in der Tasse hielt bis Mittwoch vor; dann war sie verblüht.

VII.
Am nächsten Sonntag ging Annemarie mit dem Zahlmeisteraspiranten aus, der sie zur Natur zurückgebracht hatte.
　Sie fuhren an einen See.
　Annemarie hatte trotz des strahlenden Himmels einen Schirm mit.
　Während sie am Ufer spazieren gingen, sprach der Zahlmeisteraspirant von seinen Kollegen, von seinen Vorgesetzten und von seiner demnächst bevorstehenden Beförderung.
　Annemarie pflückte eine tiefblaue Blume, die am Ufer blühte und wollte sie dem Zahlmeisteraspiranten geben, damit er sie in sein Knopfloch stecke. Aber dann fühlte sie »irgendwie« (Frauen fühlen immer nur »irgendwie«), dass er das komisch finden würde, wenn sie ihm eine Blume schenkte.
　In ein langes Schweigen Annemaries sagte der Zahlmeisteraspirant plötzlich, dass sie jetzt erst mal ordentlich essen gehen wollten.
　Sie gingen.
　Als sie im Gasthaus zweimal Bratfisch mit Salzkartoffeln und

grünem Salat aßen, merkte Annemarie, dass sie die Blume verloren hatte.

Auf der Rückfahrt verlobte sie sich mit dem Zahlmeisteraspiranten.

Als Verlobungsgeschenk wünschte sie sich von ihren Kolleginnen in der Schreibwarenabteilung bei Tietz eine Schale aus rubinrotem Glas.

Denn »irgendwie« fühlte sie dem Dichter gegenüber eine Verpflichtung.

Simplicissimus, Jg. 38, Heft 10 (1933), S. 116.

Der weisse Herr
oder
Die Macht der Persönlichkeit

Vorgestern haben sie den alten weißhaarigen Herrn zu Grabe getragen. Ich brauche seinen Namen nicht zu nennen. Viele haben ihn gekannt.

Alles, was in Kunst und Kultur einen Namen hat, war auf dem Friedhof dabei. Es wurden große Reden an seinem Grabe gehalten. Tiefergreifende Worte. Trotzdem, es herrschte, als der Sarg in die Gruft gesenkt wurde, keine eigentliche Trauerstimmung, sondern eher das, was man als »befreites Aufatmen« bezeichnet, ging über die unabsehbare Menge.

Der alte weißhaarige Herr hatte, wie man weiß, für einen ausgezeichneten Kenner der Musik gegolten. Es hatte kein Konzert stattgefunden, in dem er nicht in der vordersten Reihe saß und mit gerunzelter Stirn angespannt zuhörte.

Er schaute gedankenverloren über das Orchester hinweg zu den Köpfen der Kontrabässe hinauf.

Solisten haben mir nach ihren Konzerten gestanden, dass sie das Zittern bekommen hätten bei diesem stirngerunzelten kritischen alten Herren vorn in der ersten Reihe.

Hubermann, Busch, Mischa, Elmann haben mir erzählt, dass sie nur für ihn gespielt hätten, nur für ihn, der sie glatt übersah, der nur die Leistung hörte und keine Notiz von der Person nahm, der kein kontaktsuchendes Lächeln bemerkte und sich nicht durch eine elegante Handhabung des Bogens bestechen ließ; dass sie nur für ihn gespielt hätten, damit sein Stirnrunzeln verschwände: Rachmaninow, Edwin Fischer haben sich die Finger wund getrommelt, nur, um ein einziges Beifallzucken aus den Augenwinkeln des alten weißhaarigen Herrn zu erhaschen. Elly Ney hat die süßesten Töne aus dem Flügel herausgelockt, in den aufwühlendsten Dämonien das Instrument erzittern lassen – stirnrunzelnd saß der alte Herr und schaute über sie hinweg zu den Kontrabässen hinauf.

Was für ein Ideal musste er haben, wenn ihm ein Fischer, ein Rachmaninow, eine Elly Ney nicht zusagten?!

Die Ivogün perlte ihre saubersten Koloraturen – vergeblich! Selbst die große Kunst Giglis vermochte die Stirnrunzeln des alten weißhaarigen Herrn nicht zu vertreiben.

Es hieß, der alte Herr sei der Lehrmeister Carusos gewesen. Dann wieder, er sei Kritiker an einflussreichen ausländischen Zeitungen. Dann wieder, er habe seine Hand und sein Geld in großen Konzertunternehmungen, er sei Impresario und suche d a s Phänomen, d i e Begabung, d a s Talent.

Immer saß er da und starrte in die Ferne, als höre er dort, wo die vorgetragene Musik w i r k l i c h gespielt werden müsse, um zum vollen Effekt zu kommen.

Kapellmeister glaubten trotz rauschender Ovationen des Publikums nicht an ihren Erfolg, wenn sie den weißen Herrn sitzen sahen, stirnrunzelnd und unbewegt, keine Hand zum Beifall rührend.

Nach jedem Konzert verließ der weiße Herr kopfschüttelnd und sichtlich enttäuscht den Saal. Niemals äußerte er sich über seine Eindrücke. Niemand wagte ihn allerdings auch über seine Eindrücke zu befragen. Es ging so viel Kennerschaft von ihm aus, dass jeder fürchtete, sich mit einer Frage unsterblich zu blamieren.

Komponisten mit Erstaufführungen hatten die Frackhosen besonders gestrichen voll, wenn der weiße Herr da war. Und er war immer da, in jedem Konzert. Sein Stirnrunzeln, seine nicht verhehlte offensichtliche Enttäuschung nach jedem Satz nach jedem Stück teilte sich den übrigen Konzertbesucher, die natürlich auch als Musikkenner gelten wollten, mit, und damit waren die Erstaufführungen gerichtet.

Jetzt ist er tot, der weiße Herr: Fünfzehnhundert Menschen, knapp gerechnet, waren bei seinem Begräbnis, lauter Musikkoryphäen, lauter Kapazitäten gaben ihrem ungekrönten König und Führer das letzte Geleite.

Die Zeitungen widmeten dem großen Experten spaltenlange Nachrufe.

Wenn seine Witwe den Mund gehalten hätte, wäre er sogar in die Musiklexika gekommen und dadurch unsterblich geworden.

Aber seine Witwe hat ihren Mund nicht gehalten.

Der alte weiße Herr war so unmusikalisch wie ein Briefmarkenautomat. Außerdem war er fast taub.

Als kleiner Junge hatte er einmal in einem Konzert gesehen, wie einem Kontrabassisten die dickste Saite auf seinem Instrument geplatzt war und ihm einen heftigen unvorhergesehenen Backenstreich versetzt hatte. Das hatte so komisch ausgeschaut, vor allem, wie der Kontrabassist mit der linken Hand seine wehe Backe trösten wollte und zugleich Kontrabass spielen musste, dass dem weißen Herrn noch als erwachsenem Mann die Lachtränen kamen, wenn er daran zurückdachte.

All sein Leben hatte er erhofft, es könne ihm dies komische Erlebnis noch einmal widerfahren.

Es ist ihm nicht vergönnt gewesen. In keinem der neuntausendfünfhundertsechsundvierzig Konzerte, die der weiße Herr im ferneren Verlauf seines Lebens noch besucht hat.

Busch, Serkin, die Lehmann, Elly Ney, Casals, Cortet, Pfitzner bis zu Kusche, List, Schrecker und Waltershausen haben vor ihm gezittert – eine Kontrabasssaite ist nicht gesprungen.

Nun ist der alte weiße Herr tot und die Musiker können wieder aufatmen.

Simplicissimus, 37. Jg., Nr. 43 (1933), S. 510.

Dichtungen für Kabarettabende*

---

* Aus den Veröffentlichungen und aus dem Nachlass von PPA ist nicht klar ersichtlich, welche der folgenden Gedichte er im *Zwiebelfisch*, *Schwabinger Laterne* und *Monopteross* wie auch in der *Seerose* vorgetragen hat; er hat sie nicht gekennzeichnet. Aufbau und Inhalt der nachfolgenden Gedichte sprechen aber dafür, dass er sie an einem seiner Kabarettabende vorgetragen hat. Sie sind sicher nicht vollständig. [Der Herausgeber]

Der Blumenkohl[*]

Dem Blumenkohl, dem Blumenkohl,
dem ist es manchmal gar nicht wohl,
weil er in tiefer Seele spürt,
dass er ein Doppelleben führt.

Als Blumenkohl, da weiß er nicht,
ist nun zu duften seine Pflicht,
wie eine Blume, oder soll
er einfach als gemeiner Kohl

in braunen Küchentöpfen schmoren,
wozu ist Blumenkohl geboren?
Man isst ihn – gut. Er schmeckt – na schön,
doch könnte es doch mal geschehn,

dass platterdings und über Nacht
sein besseres Ich plötzlich erwacht,
und dass er selber sich zum Ruhme
sein Leben leben will als Blume. –

Was ist, so dächte mancher wohl,
was ist das für ein Blumenkohl?
Was ist mit Blumenkohl bezweckt,
wenn man ihn in das Knopfloch steckt?

Das Knopfloch, allerbesten Falles,
zerrisse, und das wäre alles.
Dem Blumenkohl, dem Blumenkohl,
dem ist es manchmal gar nicht wohl,

---

[*] Das Gedicht widmete PPA Ludwig Kusche »in Züchten«.

weil er in tiefer Seele spürt,
dass er ein Doppelleben führt.
Er trüge nicht an dieser Bürde,
wenn man ihn anders nennen würde.

Lied einer Ringerbraut[*]

O, welche Lust
für eine Brust,
wird sie der Liebe
sich bewusst!
Die Lust wird Glück,
das Glück wird laut
und singt als Braut –
als R i n g e r b r a u t :

Die Braut von einem Ringer,
die wickelt einen Ringer um den Finger,
denn ein Ringer ist trotz seiner Muskelkraft
so milde im Gemüt wie Rhabarbersaft.

Wenn die Muskeln des Ringers strotzen,
kann die B r a u t mit denselben protzen,
denn nicht jeder Mann ist wie ihr Bräutigam gebaut,
und nicht jedes Mädchen eignet sich zur Ringerbraut.

Die Braut eines Ringerathleten
kann den besagten wie weiches Wachs kneten,
denn ein Ringer ist trotz allem Athletenspeck
so milde im Gemüt wie Spatzendreck.

Im Zirkus muss der Ringer ringen
und die allerstärksten Männer bezwingen;
wenn der Ringer seine Gegner auf die Matte legt,
hei, wie stolz das Herz der Ringerbraut dann schlägt!

[*] Das Gedicht erschien auch in der *Welt am Sonntag*, 11. Jg., Nr. 25 vom 18. Juni 1933, S. 9. (Auch in Peter Paul Althaus, *Das Lied vom Kleinen Mann*, Allitera 2009, S. 143.)

Doch zu Hause, da wickelt den Ringer
die Braut, wie gesagt, um den Finger,
denn ein Ringer ist trotz seiner Muskelgestalt
so weich im Gemüt wie gekochter Asphalt.

Privat sind nämlich die Ringer
so zahm wie Kaninchen im Zwinger.
Der Ringer ist zufrieden, wenn er gut verdaut,
das weiß am besten die Ringerbraut –

und aus diesem Grunde wickelt um den Finger
die Braut des Ringers den Ringer,
denn ein Ringer ist trotz seines Bizepsballast
um den Finger zu wickeln wie Leukoplast.

Ahoi!

Der Erlkönig[*]

Wer reitet so spät durch Nacht und Wind?
Es ist der Vater ohne sein Kind.
Er hat das Kind mit dem Bade ausgeschüttet,
das tätet ihr auch, wenn ihr so schnell rittet,
wie der Vater, der geritten durch Nacht und Graus –
die Badewanne lief halt von selber aus.

Er hält in den Armen die leere Wanne
und spricht: »Herr Erlkönig, ich hatte 'ne Panne,
die Sache mit ihrem Schweif und ihrer Kron',
die geht nicht, leider, ohne meinem Sohn.«

Doch der Erlkönig ist zurzeit nicht momentan,
er weilt zu Kur in Bad Pistyan;
und Pistyan das kann man konjugieren,
ich werde das schnell mal dazwischen explizieren:
Ich piss di an, du pisst mi an . . .
Ja, der Erlkönig ist zurzeit nicht momentan,
er weilt zur Kur in Pistyan.

Von dem ewigen Nebel hat er Rheuma in den Knochen
und da ist er nun für circa sechs Wochen
in Dings – in Pis – in Pistyan,
einem Ort, den man konjugieren kann.

An den Erlen hängt ein Schild, »Zurzeit verreist!«
Und dieses Schild beweist, dass auch ein Geist
befallen werden kann von Rheumatiss,
der Vater liest's und flucht: »So ein Beschiss!«

Auch die Erltöchter sind nicht im Erlenhain,
sie sind zurzeit in Frankfurt am Main

---

[*] Die Überschrift stammt vom Herausgeber.

und helfen dort den gelehrten Professören
unsren Goethe zum zweihundertsten Male gebären.
›Goethes Germany invites you!‹, steht an allen Ecken,
doch im Götz steht, sie könnten ihn am Arsche lecken.

Mein Vater, mein Vater und hörest du nicht,
was Erlkönig mir leise verspricht?
Dem Vater grauset, er hat nichts gehört,
er handelt wie im Traume, er ist ganz verstört,
er schüttet den Sohn zurück in das Bad
und schwingt sich völlig durcheinander auf sein Rad,
erreicht den Hof mit Not und Müh
und irgendwie ist ihm wie Schizophrenie.
Und als seine Frau ihn zu fragen begann,
da murmelt er nur: »I piss di an!«

Die zehnte Muse

Es gab mal eine Zeit, die trug eine Papierrose am Busen
und Frou-frou und ein hochgeschlossenes Kleid –
und das war die Konjunktur für die zehnten Musen.

Die zehnte Muse
betrat das Podium,
warf einen violetten Blick
auf das p. t. Publikum,
wurde von Weltschmerz jäh geschüttelt,
und dann hat sie Folgendes vorgetragen – betitelt:

»ICH«

(Vorspiel)

ich bin nicht schön,
schön bin ich nicht,
das sieht man schon
an meinem Gesicht.
Ich habe gekokst
und Opium geraucht,
drum bin ich auch jetzt
ein bisschen verbraucht.
Es gibt kein Laster,
das mich – nicht besessen,
ich habe Senfpflaster
und Schmirgelpapier gefressen,
ich soff sechs Flaschen
Cognac am Tag,
woher auch wohl
meine raue Stimme kommen mag.
Mein Herz liegt zu Hause
in der Kommode; ich war schon öfters
nahe am Tode;

mich haben sie z. B.
aus der Seine gezogen,
da hab ich siebenundsechzig
Pfund gewogen,
inklusive der Volksküchensuppe
vom Tage vorher.
Manchmal
Ist das Leben so schwer,
dass man es einfach wegwirft,
einfach weg
in den Dreck –
ich liebte die Männer
zur See und zu Land,
ich liebte auch sonst
noch allerhand,
ich wurde geliebt
so wild und heiß,
man zahlte mir jeden Preis.
Nur einer, der hatte mich
Ganz umsunst,
denn dieser eine
besaß meine Gunst.
Er hat mich geschlagen,
er hat mich verprügelt,
ich hab ihm dafür
seine Hosen gebügelt.
Ich bin nicht schön,
o nein, o nein!
Ich bin gemein,
ich bin ein Schwein,
ich bin das gemeinste
Schwein, das es gibt,
ich habe das Schwein
als Beruf ausgeübt.
Drum bin ich nicht mehr schön.
Aber ich war mal schön,
ich habe ein Bild von mir

auf der Kommode, in der mein Herz liegt, stehn;
auf dem Bild bin ich noch schön,
aber jetzt bin ich nur noch obszön.
Und weil ich so furchtbar obszön ich bin,
wählte man mich zweimal zur Obszönheitskönigin.
Ich bin
Von der Sohle bis zum Kinn
Auf Obszönheit eingestellt,
denn das ist meine Zeit
und sonst gar nichts.

So sprach damals die zehnte Muse
Düster vom Podium herunter,
und dann legte sie den Weltschmerz ab
und war wieder ganz gesund und munter.
Ja, so war's.
Heute reden diesen Quatsch die Tonfilmstars.

Im Park der Stadt des Traumes,
da steht ein Lindenbaum;
zwei Äste dieses Baumes
umarmen dich im Traum,

umarmen dich im Traum
und ziehen mich ans Herz,
das diesem Lindenbaume
ein Fräulein Lina Sterz

im Jahre siebzehnhundert-
undvierzig eingekerbt.
Ich frage mich verwundert:
»Hab ich den Baum geerbt?«

Denn jenes Fräulein Lina
hat sicher ungereimt,
vor soundsoviel Jahren
ein Ähnliches geträumt.

Ein Philosoph liegt tot im Bett

Ein Philosoph liegt tot im Bett,
als ob er Gift gesoffen hätt'.
Er hat kein Gift gesoffen.

Er hat kein Gift gesoffen nicht
Und doch, so bleich ist sein Gesicht,
als wär' er eine Leiche.

Und eine Leiche ist er auch,
kein Atemzug und auch kein Hauch
kommt mehr aus seinem Munde.

Er liegt so tot in seinem Bett,
als ob er Gift gesoffen hätt'.
Er hat kein Gift gesoffen.

Er hat kein Gift gesoffen nicht
und doch so bleich ist sein Gesicht,
als wär' er eine Leiche.

Er liebt die Puppe Isabel,
die hat ihr Si-sa-sägemehl
ihm ins Gehirn gespritzet.

Der Philosoph liegt tot im Bett,
als ob er Gift gesoffen hätt'.
Wir aber wissen's anders.

Warum?*

Man fragt auf den Kleinen Antillen,
man fragt am Rhein und am Po,
man fragt sich laut und im Stillen:
warum, weshalb, wieso –

Man fragt sich auf Sizilien,
man fragt auf Haiti, in Bern,
es fragen sich ganze Familien,
es fragen sich einzelne Herrn.

Man fragt sich des Nachts und am Tage,
man fragt sich mal klug und mal dumm,
doch immer dieselbe Frage:
Warum, warum, warum –

Warum, warum, warum, warum
ist die Banane krumm?
Sie könnte doch auch grade sein,
das würde auch nicht schade sein –
Warum, warum, warum, warum
ist die Banane krumm?
Warum ist sie nicht kerzengrad
wie'n Schornstein oder'n Tugendpfad?
das ist die große Frage
und keiner weiß warum –
Darum in jeder Lage
bleibt die Banane krumm.
Warum, warum, warum, warum
ist die Banane krumm?

---

* Das Gedicht erschien auch in der *Welt am Sonntag*, Nr. 3 vom 17. Januar 1932, S. 6. Neu veröffentlicht in: Peter Paul Althaus, *Das Lied vom Kleinen Mann*, Allitera 2009, S. 21. Es war ein Schlager der damaligen Zeit.

WORTSPIELEREIEN[*]

I.
Die Meisen hörten eines Tags,
es gäbe Tiere ihres Schlags,
die hätten mit einem A sich versehn,
um eher als sie im Brehm zu stehn.

Sie riefen drauf bei Herrn Brehm an.
Es meldete sich ein Herr Lehmann,
der sagte, er sei nur der Kastellan,
Herr Brehm sei zurzeit nicht momentan,
doch bezüglich des A, das stimme, indem
zu Anfang tatsächlich im Index bei Brehm
(es würde sie sicherlich freuen)
Ameisen aufgeführt seien.

Die Trappen hörten eines Tags,
es gäbe Tiere ihres Schlags,
die hätten mit einem A sich versehn,
um eher als sie im Brehm zu stehn.

Sie riefen darauf bei Herrn Brehm an,
es meldete sich der Herr Lehmann –
doch sucht er vergeblich in sämtlichen Bänden
des Brehm, ob *Attrappen* sich irgendwo fänden.

So kommt es, dass die Trappen
noch immer im Dunkeln tappen.
(Zumal die echten Attrappen
sich auch schon langsam verknappen.)

---

[*] Auch in: *Das Peter Paul Althaus-Gedichtbuch,* Allitera 2004,
S. 113–118.

II.
Eine Ameise
mit g'führig bassem Schritt
ging
am Eise
flink
und glitt
aus!

Das Eis, das schmolz, der Schmolz, der fror
(dies kommt bei Witterungswechsel vor)
und die Ameise,
da sie glitt
in den kalten Kitt,
war nun
im Eise.

(Ist aber, wenn ihr auch geistesblitzt,
deswegen keine IMEISE itzt!)

III.
Im Turnverein Jahn, des Abends beim Üben
verübte ein schneidiger Reckturner sieben
siebenundzwanzig Riesenwellen.

Man zählte laut mit, doch am Ende fand sich
einer, der hatte nur sechsundzwanzig
gezählt. Um hier niemand zu prellen.

So zählt man von neuem – man wurde verwirrt –,
wer hatte sich von den Zählern geirrt?
Wo lagen die Fehlerquellen?

Im Turnverein Jahn, des Abends beim Üben,
eine Riesenwelle war übrig geblieben!
Wird je sich dies Dunkel erhellen?

Die Riesenwelle, – ich will es verraten:

Statt am Turnreck Purzelbäume zu schlagen,
auf dem Ozean wollte sie Schaumkronen tragen,
Schaum war ihr höchster Traum.

Doch als sie am Strand stand, so wasserfremd,
da kam sie sich vor, wie jemand im Hemd
am helllichten Tag auf der Straße.

Sie wurde hässlich und klein. Und für Riesen,
auch für Riesenwellen ist Kleinheit erwiesen –
erwiesenermaßen von Nachteil.

Es dauert uns herzlich dies Trauergestelle
von irregegangener Riesenwelle.
Sie dauert uns schmerzlich

Sie dauert dich – mich – uns alle – sie dauert …
… und ist dann als Dauerwelle versauert.

IV.
Ein Bauer, der mit einer Elle Mist misst,
der Dieb, der immerzu nur Stahl stahl,
ein Dickwanst, der zu jeder Frist frisst,
ist hin und wieder nicht normal mal.

V.
Einem besseren Herrn (was man alles erfährt!)
dem wurde von Irgendjemand erklärt,
(bei irgendeiner Gelegenheit,
vermutlich einer Mildtätigkeit,
als Dankeswort oder Schmeichelei –
der Schmeichler stotterte nebenbei):

Er sei, das m-müsse m-man sagen, entsch-
entschieden s-sei er ein guter Mensch.

Der bessere Herr, (nicht weich und nicht hart)
nahm den Ausspruch als eine Redensart,
wie solche man täglich hundertmal hört
und hat sich nicht weiter daran gekehrt.
Doch im Einschlaf, kurz vor Mitternacht,
ist er aufgewacht und hat nachgedacht.

Ein guter Mensch? – Ein besserer Herr?
In seiner Seele entstand ein Verzerr;
(erklärt sei hier für die besseren Herren
»Verzerr« ist das Substantiv von verzerren)
er hat die ganze Nacht, schlafberaubt,
im Bett auf- und abgehend, wortgeklaubt.
Ist »gut« hier besser, ist »besser« hier gut?
Wie bringt man sie unter einen Hut?
Den Herrn, den bess'ren, den Menschen, den guten?

(Hei wie die Gedanken wogen und fluten!)
Ist der gute Mensch dem besseren Herrn
ganz unerreichbar? Ja? Nein? Inwiefern?
Sind »gut« und »besser« hier Allgemeinplätze?
Sind Mensch und Herr hier Gegensätze?
Verliert der bessere Herr an Wert
durch die guten Menschen? Ist's umgekehrt?
Was hat der Gute zu tun, um im Ganzen
als Bessrer nicht aus der Reihe zu tanzen?«
So grübelt er in den Gruben der Psyche,
so sann er über das Eigentümliche,
doch kam er nicht auf des Pudels Kern.

Vielleicht, dass auf einem anderen Stern
die guten Menschen und besseren Herrn
eins sind? Vielleicht, vielleicht. – Für hienieden
und für den gestörten Seelenfrieden

hat sich der Grübler wie folgt entschieden:
Damit das Bessre das Gute nicht mindert,
zumindest der Herr den Menschen nicht hindert,
und der Gute durch den Bessren nicht leidet –
hat der Herr sein Herz mit Erz umkleidet
und der Mensch sein verzerrtes Seelenleben
mit einer Haut aus Asbest umgeben.

Nachwort:

Ein guter, besserer Herr, der nicht denkt,
der hätte sich all das Denken geschenkt;
er hätte (sonder Seelenmolessen)
ganz schlicht gesagt: »Man hielt mich zum Besten,
und weil man mich zum Besten gehalten,
belass ich einfach alles beim Alten.«

Der Song von der gefallenen Aktie*

1.
Ich bin so ganz gewissenlos,
von Herz hab ich nicht die Spur.
Ich leb allein dem Gelde bloß:
Denn das ist meine Natur.

> Refrain:
> Ich bin eine gefallene Aktie,
> hab manchen um alles gebracht.
> Ich bin eine gefallene Aktie.
> Drum nimm dich vor mir in Acht!

2.
Ich hab schon manchen Mann ruiniert,
ganz heimlich über Nacht;
was kümmert es mich, wenn ein Spieler verliert?
Ich habs ja gewusst, ich habs mir gedacht:
> Ich bin …

3.
Mein Kurs, der führt immer tiefer herab,
und bald bin ich gar nichts mehr wert;
und der allerletzte, der stößt mich dann ab,
denn ich hab an der Börse zu lustlos verkehrt:
> Ich bin …

---

* Der Song erschien erstmals in der *Welt am Sonntag* Nr. 24 vom 11. Juni 1933, Seite 11. Neu veröffentlicht in: Peter Paul Althaus, *Das Lied vom kleinen Mann*. Allitera 2009, S. 142.

Ich suchte mich

Ich suchte mich in den Kolken
in den Kolken war ich nicht,

ich suchte mich in den Wolken,
in den Wolken war ich nicht;

in Birken und Eichen und Linden,
in den Bäumen war ich nicht!

Ich suchte mich in den Winden
in den Winden, da war ich nicht,

ich suchte mich bei den Tieren
des Waldes, des Wassers, der Luft.

Ich suchte mich in den Blumen
und Wiesen und ihren Duft;

ich suchte mich hinter Zypressen
des Friedhofs, da war ich nicht.

Ich suchte mich im Vergessen
des Weines, da war ich nicht.

Ich suchte mich in den Träumen,
in den Träumen, da bin ich vielleicht,

in den Zwischenreichen und -räumen
geht einer, der mir gleicht.

SCHNEEFLOCKEN

Wir sind ein Glanz,
wir sind ein Tanz,
wir sind nur im Vergehen.

Das Schwere klebt,
das Leichte schwebt,
wir tanzen auf den Zehen.

Wir sind der Traum
im Winterschlaf,
ein weißer Wirbeltraum;

wir sind ein leiser
Blätterfall
von einem Himmelsbaum.

Wir sind sehr zart,
von flücht'ger Art,
wir sind nicht von Bestand;

und wer uns fassen,
uns halten will,
dem sterben wir in der Hand.

Wir sind ein Glanz,
wir sind ein Tanz,
wir tanzen auf den Zehen;

das Schwere klebt
das Leichte schwebt,
wir sind nur im Vergehen.

VICEVERSE

I
Ein Floh, der floh
(ein Fall, ganz klar),
weil wer ihm auf den Fersen war.
    Oder gar auf den Versen?

Ohn' Aufenthalt
und Rast er rast,
bis ihn sein Feind
robust vergast.
    Mit Gas aus Bohnen und Erbsen –

Verzeihung, – der Floh musste sterben
an Gas aus Bohnen und Erbsen –
Verzeihung, aus Bohnen und Linsen
ging der fliehende Floh in die Binsen …
(oder letzte Zeile anstatt »ging der
fliehende Floh« usw. in:
Unterlassen sie bitte das Grinsen!)

II.
Ein zahmer Hirsch, (wenn ich das hier nicht läst,
ihr glaubet kaum es)
hat winters im G e ä s t g e ä s t
(des Weihnachtsbaumes).
Man hat ihn nicht gehindert,
weil die Kinder den Baum schon geplündert.
Der Hirsch im Allgemeinen sehr wirsch,
er wurde unwirsch, der zahme Hirsch.

III.
>   Der zahme Hirsch (ein Tier von mächtiger Gestalt,
>   im Geiste aber stur)
>   ist wütend mit G e w a l t   g e w a l l t
>   zurück zur Natur,

zurück in den wilden Oswald-Wald
und dort verlor er den sittlichen Halt

>   (den er, gezähmt, sich bei den Menschen angeeignet)
>   und hat so die gute Erziehung verleugnet.

IV.
Weil du immer solche Hast hast,
wärst vom Auto du erfasst fast.

GEDICHTE FÜR EIN BÜCHLEIN MIT DEM TITEL:
Und sie bewegt sich doch!

NIMMST EINER PANNE DU DAS P

Nimmst einer Panne du das P
und pappst es an die Erlen
(merk dir für Weihnacht diesen Dreh),
bekommt die Anne Perlen.

GLEICHES UND GLEICHES SICH GERN GESELLT

Gleiches und Gleiches sich gern gesellt,
sagt der Volksmund, der meistens Recht behält.
Ja, Gleiches und Gleiches gesellet sich gern:
die passende Dame dem passenden Herrn –
doch als ein Portier eine Portiére gefreit,
da sagten die Leute, das ginge zu weit.

EIN ZINSHAHN STOLZIERTE

Ein Zinshahn stolzierte (von Kopf bis Zeh
Ein toller Roué) durch den Hahnenklee.

Er dachte, was Hähne so denken,
wenn sie ihr Augenmark lenken
auf das weibliche Geschlecht.

Eine Henne erging sich im Hahnenklee,
ihr Kleid war weiß wie Eierschnee.

Sie dachte, was Hennen so denken,
wenn sie die Blicke senken
vor dem, der so schön sich erfrecht.

Der Zinshahn zog sich eitel
mit einem Kamm einen Scheitel.

Die Henne blickte bloß
verschämt in ihren Schoß.

Und als die beiden sich fanden,
ist ein Zinseszinshähnchen enstanden.

Wenn du einer Krankenschwester

Wenn du einer Krankenschwester,
die bei deiner kranken Schwester
wacht
in der Nacht,

nach der Feier zu Silvester
all die übrigen Rester
bringst
und trinkst
selbst noch einen Liter Trester,

kannst du nicht mehr unterscheiden,
welche Schwester von den beiden
gleicht nun mehr der Krankenschwester
oder deiner kranken Schwester.
Darum lass das sein, mein Bester!

FRAG MICH DOCH WAS

Der Unterschied, der diffizile,
zwischen einer Sojabohne
und dem seltnen Widerspiele
dieser – einer Soneinbohne –
(Aller Wissenschaft zum Hohne –
doch, wie sag ich's meinem Sohne?) –

– der Schiedunter zwischen den genannten Böhnchen
ist derselbe, wie mein Söhnchen,
merk es an dem Untertönchen –
bei Kaninchen und Kanönchen.

Denke aber nicht mehr weiter,
dadurch wirst du nicht gescheiter.

Ein in langem Dienst ergrauter

Ein in langem Dienst ergrauter,
fast schon patina-ergrünter
treu ergebener Klaubauter-
greis, – Jean, ein Bedienter

kam an seinem Lebensabend,
(bei zwei Lords Lakai) dahinter,
dass er nie in seinem Leben
ein B e d i e n t e r sei gewesen.

Niemals war bedient er w o r d e n,
immer h a t t e er bedient;
und da schmiss er seinen Orden
(von Erkenntnis jäh erkühnt)

seinen Orden, den vor Jahren
ihm verliehn für treues Dienen,
seinen Lorden vor die Füße.
Diese mit erstaunten Mienen

nahmen ihres Domestiken
ungebührliches Gebaren
starr zur Kenntnis, weil sie solches
sonst an ihm gewöhnt nicht waren.

»War ich jemals ein B e d i e n t e r ?«,
brüllte Jean (sonst so beflissen)
»jetzt erst komme ich dahinter:
Meine Herrn, sie müssen wissen,

dass i c h S i e nicht mehr bediene,
weil S i e m i c h bedienen müssen!
Säubern Sie mal die Latrine,
klopfen Sie die Sofakissen,

und dann will ich Abendessen,
fünfzehn Gänge, sechzehn Weine,
aber dalli meine Herren,
denn sonst mach ich Ihnen Beine!«

»Der Bediente ist von Sinnen«,
sprach bedacht der eine Lord.
Und man schaffte Jean von hinnen
In ein Irrenhaus, weit fort.

Wieder mal ein ungesühnter
Fall von falschen Sprachgebräuchen.
(Ein bedienender Bediener
muss auch uns befremdlich deuchen.)

Ein Tunichtgut und ein Tuböse

Ein Tunichtgut und ein Tuböse,
die schlugen (im Streit, wer der Bessere sei)
mit grimmigen Fäusten und viel Getöse
sich sämtliche Knochen im Leibe entzwei.

Und als sie die Knochen zusammen gelesen,
da standen sie auf, als sei nichts gewesen.

Sie hatten jedoch, und das merkten sie jetzt,
ihre Knochen nicht richtig zusammengesetzt.
Aus dem Plan, sich gegenseitig zu morden,
war ein Tugut und ein Tunichtböse geworden.

Die Einen treiben in der Tanzteediele

Die einen treiben in der Tanzteediele,
die Anderen im Kornfeld ihre Schäferspiele.

Ein junges Paar (wir folgen ihrer Spur)
ging sehr verliebt hinaus in die Natur.

In dem zu ihren Zwecken auserkor'nen Vollkornfeld
war eine schon betagte Vogelscheuche aufgestellt.

Sie sollte den Vögeln verwehren,
die Körner zu verzehren.

In ihrer Dienstvorschrift, hierorts zu scheuchen,
stand nichts von Säugetieren und dergleichen,

geschweige denn von Menschenpärchen
die (wie in Andersenschen Märchen)

nur an Liebe dachten
und über Scheuchen lachten.

Die Scheuche, durch das Lachen aufgescheucht,
fühlt, dass die Vogelscheuchendienstanweisung hier nicht reicht;

veranlasst durch ein dunkles Erinnerungs-Ahnen,
will sie das Paar moraliter ermahnen

und spricht die Worte: »Junge Braut,
ich bin in Ähren hier ergraut ...«

»Die ist aus Sachsen!«, jauchzt das junge Paar,
worauf die Scheuche stille war.

Hat niemals mehr ein Wort gesprochen
und ließ die Menschen ungerochen.

Mysteriöse Verwandlung eines Rentengeldempfängers

In seiner Jugend ein Springinsfeld,
bezog er seit Jahren schon Rentengeld;
er ließ es langsam gehen, hatte Zeit
und liebte die Bequemlichkeit.
Er lebte (im Haare des Alters Schnee)
von seiner Rente als Rentier,
ein Fall wie viele Fälle
in – sagen wir in Celle.

Selbst solche Menschen, leider,
die haben ihre Neider;
sogar in eigenen Kreisen.
Es fehlt nicht an Beweisen.

Ein zweiter Rentier, nervös und voll Neid
ob des ersten Rentiers Gemächlichkeit
entwand einem Strom aus der Schnelle
(der Aller, einem Fluss bei Celle)
das N, sodass dem Fluss verblieb
nur eine Sch-elle. Das war ihm nicht lieb.

»Was soll ich – «, fragte voll Verdruss,
»mit einer Schelle?« sich der Fluss.

(Da er nur s i c h und nicht uns fragt,
wird dies von uns ihm nicht gesagt.)

Es schickte uns der Rentier-Dieb
das N, indem er dazu schrieb,
es käme von der Krankenkasse
nach Celle in die Rankestrasse.

Und der, an den der Dieb das schreibt,
hat sich das N gleich einverleibt ...
O, seht das Wunder, das geschieht,

unglaublich, was sich hier vollzieht –
es wirkt, als wär's ein Zaubertee;
zum R e n n t i e r wird der Rentier!

Nun hat er fortan keine Ruh,
er rannte, rannte immerzu,
er trabt' die Aller auf und ab,
doch einmal, grad im besten Trab,
da haucht er aus den Geist (das heißt –
was ich nicht weiß und du nicht weißt
– falls er als Rentier ist verblichen,
dem Renntier wär kein Geist entwichen)
und zwar an jener Stelle
der Aller, wo die Schelle
bei Celle in der Aller lag.
Die Schelle wartet auf den Tag,
da jemand sie mal läute.
Doch niemand tat's bis heute.

Nachtrag: (Die seltsame Wiedergeburt der Schnelle)

Es bliesen Winde scharf von Ost;
die Schelle fraß der rote Rost.
Es bröckelte die Schelle
ganz langsam ab zu – »elle«.
Schon nahte sich, voll Phantasie
ein kecker Franzmann, ein »lui« –
doch eh' sie noch französisch ward,
gedacht sie ihrer deutschen Art,
hob stolz das Haupt und reckt das »e«
(das Schicksal zu besiegen)
und wurde eine Elle, jäh. –
(Sie war nicht klein zu kriegen.)

Jedoch der Weisheitszahn der Zeit
bracht diese Angelegenheit
ins Reine, als er aß und fraß
am ersten »l« ohn' Unterlass.
Und nach geraumer Weile,
die E l l e ward zur E i l e.

Was einstens eine S c h n e l l e war,
ward jetzt zur E i l e. – Sonderbar.

»Mitnichten!«, spricht der Weise,
so rönden sich die Kreise.
Vom Renntier-Rentier sagt die Mär,
dass Er-Es jetzt im Himmel wär.
(Im Menschen- im Himmelreich?
Ist dieses hier nicht gänzlich gleich?)
Doch wer das N stahl aus der Schnelle,
kommt sicher in die Menschenhölle.

Hallo Boy!

Hallo boy, come along old boy,
Mensch sei doch nicht so menschenscheu!

Guck mich mal richtig an mein Kind,
hab keine Angst, du wirst nicht blind!

Hallo boy, come along old boy,
Mensch sei doch nicht so menschenscheu!

Ob du dich etwa vor mir bangst?
Ich tu dir nichts, hab keine Angst!

Hallo boy, come along old boy,
Mensch sei doch nicht so menschenscheu!

Come on, old boy, es tut nicht weh,
ich sage A und du sagst B!

Hallo boy, come along old boy,
Mensch sei doch nicht so menschenscheu!

Mensch, hör mal Mensch, bist du taubstumm?
Mensch, bist du etwa andersrum?

Hallo boy, come along old boy,
Mensch sei doch nicht so menschenscheu!

Ich mach dir doch Avancen, Schatz,
das merkst du doch an jedem Satz!

Hallo boy, come along old boy,
Mensch sei doch nicht so menschenscheu!

Ich komm dir doch entgegen, Schatz,
das tu ich doch nicht für die Katz!

Hallo boy, come along old boy,
Mensch sei doch nicht so menschenscheu!

Du merkst doch boy, ich hab dich lieb,
du merkst doch boy, du bist mein Typ!

Hallo boy, come along old boy,
Mensch sei doch nicht so menschenscheu!

Mensch, boy-boy, Mensch, sag doch was!
Macht dir die Liebe keinen Spaß?

Hallo boy, come along old boy,
Mensch sei doch nicht so menschenscheu!

Ich quatsch doch hier nicht stundenlang,
ich bin doch hier auf Kundenfang!

Hallo boy, come along old boy,
Mensch sei doch nicht so menschenscheu!

Wenn du dich nicht sofort ermannst –
Boy, weißt du, was du mich dann kannst?

Hallo boy, come along old boy,
da kommt die Sittenpolizei,

come on, old boy, come on!

Dienstagsrede[*]

Meine Damen und Herren, hochgeehrte Monopterösser!

Wir danken ihnen, dass sie unserer Einladung gefolgt sind, und ich bedaure, dass wir ihnen nicht schon heute Abend (zahlreich hier …) ein nettes Programm auf diesem verlockenden Podium bieten können.

Dieser Abend soll ein Vorabend sein. Die Bescherung gibt es erst übermorgen, am Donnerstag. Sie werden dann ja sehen, was das für eine Bescherung gibt. – Heute wollen wir Ihnen nur unseren neuen Raum vorstellen, damit wir uns alle ein wenig einleben in diese, jetzt noch etwas neu wirkende Pracht, Wenn wir erst einige Abende hinter uns haben, dann wird alles schon den ersten Anflug von Patina bekommen. (Evt. Einschiebsel)

Ich darf gleich hier sagen, dass wir diesen Raum mit dem Tukankreis, der ihn allerdings nur für einige Montage im Monat beansprucht, teilen. Das MONOPTEROSS hat dies – wie soll ich sagen – Vereinszimmer, diesen Clubraum, dies Tusculanum, Dienstags, Mittwochs, Donnerstags und Freitags zum Hausgebrauch. Am Donnerstag werden unsere literarisch-musikalischen Abende steigen (oder fallen), an den übrigen Abenden soll dieser Raum das Retiro für die Monopterösser sein und drüben im vorderen Raum können Sie tanzen. Zu den Vortragsabenden möchten wir als Zuhörer nur die MONOPTEROSS-Mitglieder bitten (die Inhaber von roten und blauen Mitgliedskarten), damit wir nicht wieder in dieselbe Gefahr laufen wie in unserem alten Quartier. (Ich komme auf diese Gefahr nachher noch zurück). Für die Tanzabende wollen wir Gastkarten ausgeben, die nicht zum Besuch unserer Vortragsabende berechtigen. Für diese Abende wollen wir eine geschlossene Gesellschaft sein. Aus vielerlei Gründen. – Martin Lankes, der Quästor des MONOPTEROSS, der Säcklmeister, wird Ihnen nachher noch einige tiefschürfende kommerzielle Ausführungen zu diesem Thema machen.

[*] gehalten im Café Stefanie zwei Tage vor der offiziellen Eröffnungsrede

Die beiden Maler, die diese Räume, den kleinen Stall und den großen Stall, ausgemalt haben, sind Christl Bachmeier und Willi Kruse. Den Umbau des Lokals – es war vorher schon eine Morgensternsche Bahnhofshalle, nicht für es (das MONOPTEROSS) gebaut – hat ein Oberbaurat vom Finanzministerium entworfen. Deshalb sind auch, wie Sie vielleicht beim Hineinkommen bemerkt haben, die Bögen draußen so wuchtig geworden. Damit sie die Steuerlasten besser tragen können. – Unsere Wirtsleute, Herr und Frau Bosch haben, wie man so zu sagen pflegt, weder Kosten noch Mühen gescheut, sodass unsere Ausstattungskünstler Christl Bachmeier und Willi Kruse sich ziemlich angestrengt haben, sich durchzusetzen.

Ihnen, den Wirtsleuten, den Malern und allen, die den Raum gemauert, beleuchtet, bebankt, bepodiumt und so weiter be- haben, gebührt geziemender Dank.

Eigentlich sollte ich Ihnen heute über die Gründe unseres Umzuges vom *Pfälzer Hof* ins *Café Stefanie* berichten. Aber ich will mir das, weil ich dazu weiter ausholen muss, zum Donnerstag aufsparen. Jedenfalls ist der Grund unseres Umzuges nicht in dem zu finden, was die »Mutti« Bräu in dem vorgestern erschienenen Interview sagt oder sagen lässt: Sie sagt darin, sie hätte Krach mit einigen Brettl-Leuten bekommen, und daher …

Außer Marietta ist keiner von uns allen, die dort auftraten, ein Brettl-Leut, also ein Kabarettist. Marietta ist die einzige Berufsbrettl-Kabarettistin. Und die ist noch dort. Nein, wir haben keinen Krach mit ihr gehabt, sondern es war so: Die alten Monopterösser, unsere Clubmitglieder, die nicht der Luxusbar wegen kamen, wurden der Frau Bräu nach und nach wegen ihrer geschäftstüchtigen und reklamesüchtigen Art gram und blieben weg. So war es, und wir hätten uns schon damals ein neues Lokal suchen sollen. Zu unseren Abenden kamen dann mehr und mehr die Gäste der Künstlerwirtin, die sie lieber sah, Leute mit dicken Brieftaschen – Gott ja, es kann ihr kein Mensch übel nehmen, dass sie solche Gäste lieber hatte als die »armen Maler« (zur Literatur hatte sie sowieso kein Verhältnis, Verständnis für – mein ich), ja, und dann hätte sie halt das »Künstler« vor der »Wirtin« weglassen sollen! – Jedenfalls waren wir, unsere Auftretenden, wir waren uns zu

schade, vor den Gästen der Frau Bräu jenen Klamauk zu machen, der in dem Milieu am Platz war, – und deshalb …
Übrigens, was das in dem betreffenden Artikel erwähnte »letzte Hemd«, das sie opfern wird, angeht, so muss ich mit Recht annehmen – Sie verstehen ja alle Lateinisch – : »Olet! Olet!«
Wie gesagt, über den Anlass und den Grund, weswegen wir uns, das heißt den Monopterössern ein neues nettes Außerhaus-Heim schaffen wollten, will ich mich am Donnerstag verbreitern, am Eröffnungsabend. Es gibt viele Motive. Teilweise sind sie sogar historisch begründet. In der Geschichte vom Montmartre, das ja oft mit Schwabing verglichen wird, gibt es ebenfalls einen Umzug vom Montmartre zum Montparnasse, ins Quartier Latin.
Zu den Äußerungen, die Frau Bräu in dem angesprochenem Artikel tut oder tun lässt, möchte ich abschließend und als letztes Wort in dieser Angelegenheit ein Zitat aus dem Sommernachtstraum zitieren. Ich besitze eine Sonderausgabe mit treffenden Druckfehlern. In dieser Ausgabe heißt es nicht: »Gut gebrüllt, Leu!« sondern: »Gut gelüllt, Breu!«. (Lüllen ist ein westfälischer Ausdruck für Sabbern.).

+++

Das MONOPTEROSS ist in dem Jahr, seit dem es besteht, etwas gewachsen. Und deshalb ist ihm die alte Stall in der Vorstadt etwas zu klein geworden. – Mit den größeren Räumen hier in dem neuen Stall sind nun auch die Absichten gewachsen, die wir mit unserem Programm haben.
Die alte Parlotte-Angewohnheit, jedem, der auftreten will (und der was kann und zu können glaubt – und wer glaubt nicht, dass er was kann, wenn er auftritt), zu Worte kommen zu lassen, die Parlotte-Attitude wollen wir beibehalten. Daneben aber, neben dem losen, improvisierten Programm – nein, nicht daneben, sondern in der Hauptsache, wollen wir Einakter, Sketche, Szenen spielen. U. a. wollen wir von jungen Schauspielern Stücke eines Stückes spielen lassen, das vor 50 Jahren geschrieben wurde, dessen einzelne Szenen jeweils in sich abgeschlossen sind. Die jungen Schauspieler werden diese Szenen als Sketche spielen, sie werden die Szenen skizzieren, sie werden sie so spielen, wie s i e, die jungen Schau-

spieler sich die Sache denken, dies Stück, das vor 50 Jahren etwas unerhört Modernes war. Das Ganze wird oder kann werden: Diskussion mit anderen Mitteln. Es wird nicht über die Auffassung des Stückes geredet oder diskutiert, sondern die Auffassung der jungen Schauspieler wird mit den Mitteln ihrer Kunst am Objekt selbst gezeigt. Am ersten Abend, also übermorgen, wollen wir ein und dieselbe Szene von zwei verschiedenen Auffassungen zeigen. Vielleicht ist dies Experiment vor einem so sachverständigen Publikum wie den Mitgliedern des MONOPTEROSS für beide Teile ein ganz interessantes Experiment. Und da diese Art der Darstellung außerdem noch ein unverbindliches »Vorsprechen« ist, so würde ich mich persönlich sehr freuen, wenn hie und da ein entdeckungsfreudiger Theaterleiter, Regisseur oder Filmmann zu unseren Abenden käme. Ich möchte allerdings gleich betonen, dass wir kein Vermittlungsinstitut, keine Bühnenagentur sind.

Für unsere künftigen Programme – wir haben noch weitere Absichten, aber die will ich hier jetzt nicht breittreten – habe ich eine Bitte: Unter den Monopterössern sind viele Literaten und Literatur-Beflissene. Wir wären Ihnen alle dankbar, wenn Sie sich an der Gestaltung unseres Programmes beteiligen würden, sei es durch Vortrag eigener Dichtungen (dies sei auch besonders zum Tukankreis gesagt), sei es durch Hinweise auf die für unsere Zwecke geeignete Literatur, durch das Verleihen von Büchern usw.

Dr. Springorum verdanke ich bereits einen Hinweis auf eine klassische Novelle, die wir an einem der künftigen Abende hier szenisch darstellen wollen.

Dass uns alle jungen Talente (Dichter, Schauspieler, Komponisten und Musiker) hochwillkommen sind, habe ich schon gesagt, glaube ich. Es kann jeder, der was zu bieten hat, an den weniger offiziellen Dienstag-Abenden hier sich selber ausprobieren.

Dass uns die Arrivierten, die Könner, die Bewährten und Bekannten herzlichst willkommen sind, brauche ich nicht eigens zu betonen. Ich denke an die Abende zurück, an denen Axel von Ambesser, Trude Hesterberg, Gert Fröbe, Walter Kiaulehn, Pamela Wedekind, Peter Hansmann und andere Zelebritäten unser Podium beehrten. Peter Hansmann können wir nicht mehr darum bitten – wir werden sein Porträt zum Angedenken hier an die

Wand malen lassen – aber die anderen können wir bitten. Unsere Jungen wollen was lernen.

Zum Schluss will ich noch schnell sagen, was wir nicht wollen. Oder ich will mich positiv ausdrücken: Wir wollen den beiden Hausheiligen aller üblichen Kleinkunstbühnen, den beiden ansonst von mir hochgeehrten Dichtern Joachim Ringelnatz und Fred Endrikat, von denen viele meinen, dass sie die einzigen wären, die je für das *Brettl* geschrieben hätten, also diese beiden Hochverdienten wollen wir hier auf unserem Podium – Erholungsferien geben.

Um zu keinem Irrtum Anlass zu geben: Wir wollen um Gottes willen nicht »Theater spielen«, wir wollen kein Zimmertheater sein, kein Kammertheater, kein Saaltheater – dafür gibt es berufenere Leute. Wir wollen hier nur ein wenig Kleinkunst machen, wobei der Ton allerdings auf Kunst liegt. – Es wäre schön, wenn auch mal ein junger Komponist käme und sagte: ›Schau, hier habe ich ein Streichquartett, eine Klavierkomposition, einen Jazzsymphonique geschrieben, könnt ihr das vielleicht uraufführen? Ich bin fest überzeugt, dass sich idealgesinnte Musiker finden, die einem jungen Komponisten, der es verdient, helfen werden, den ersten Schritt in die, wenn auch kleine Öffentlichkeit, zu tun.

Und noch etwas möchte ich sagen über das, was wir wollen: Wir wollen uns auf keinen Fall tierisch ernst nehmen. Das Spielen ist eine der besten Eigenschaften der Kunst und der Künstler. Und solcher, die auf den Höhen des Parnass leben.

Ich habe, entschuldigen sie bitte, viel von unserem Wollen gesprochen. Ich nehme aber wohl mit Recht an, dass es ihnen, vor allem ihnen, meine Herren von der Presse, weniger auf unser Wollen ankommt, als auf das, was bei diesem Wollen herausspringt. Ich habe nun an sie alle die Bitte, nehmen sie all diese Dinge, die wir hier betreiben, vor allem unseren ersten Donnerstag, übermorgen, als einen Versuch. Wir müssen in die neue Verpflichtung, die wir hier auf diesem historischen Boden des alten Café Stefanie übernommen haben, erst hineinschauen. Das M<small>ONOPTEROSS</small> soll eine Schwabinger Angelegenheit bleiben, es wird seine Schwabinger Herkunft nie verleugnen.

Der Monopteros ist ein nach allen Seiten offener, von einer Säulenreihe getragener Tempel.

Das M͟onopteross ist ein stämmiger Pegasus, der diesen nach *allen Seiten offenen Tempel* auf seinem Rücken trägt.

Christl Bachmeier hat das Ross in kühner Zuversicht aufwärts galoppierend gemalt. Möge er Recht behalten.

Eröffnungsrede
bei der Umsiedlung des Monopteross
vom *Pfälzer Hof* in das *Café Stefanie*

Meine Damen und Herren, hochgeehrte Monopterösser!

Bei gewissen Krankheiten verordnet der Arzt eine Luftveränderung. Der Patient muss in ein anderes Klima. Der Patient, von dem ich hier spreche, ist das Monopteross. Das Monopteross war in Gefahr, zu einem Karrengaul herabzusinken, und zwar zu einem Karrengaul, der – so paradox das Bild ist – zu einem Karrengaul, der einen Opel-Kapitän ziehen muss. Sie wissen, von welchem Kapitän ich spreche.

Ein geistreicher Zeitungskritiker sagte einmal von unserer ehemaligen Wirtin, sie sei eine »Viehhändlerin von Natur«. Die Betroffene hat diese Kritik, diese Charakterisierung, als Schmeichelei aufgefasst. Und deshalb darf ich dieser Kritik noch etwas hinzufügen. Es ist eine bekannte Tatsache, dass diejenigen Tiere, die in die Hände von Viehhändlern kommen, meistens geschlachtet, um nicht zu sagen ausgeschlachtet werden: Kälber, Rinder, Rösser, ja sogar Monopterösser. (Sie sehen, ich versuche hier die Gründe unseres Umzuges darzulegen.)

Aber ich will nicht ungerecht sein. Mutti Bräu hat allerhand Gutes getan, sie hat den Malern viele Bilder abgekauft, wenn gleich ihr auch die nachschaffenden Künstler, vor allem die Filmstars immer wichtiger und bedeutsamer waren als die schaffenden Künstler, von den Dichtern und Schriftsteller und Journalisten ganz abgesehen. Aber nehmt alles nur in allem, sie war bis zu einem gewissen Grade, und wenn sie dabei ihre eigene Person in das rechte Licht rücken konnte, großzügig und freigebig, was Speis und Trank angeht. Sie bemühte sich schon, eine Künstlermutti zu sein. Aber Ihresgleichen war ihr auf Dauer lieber. Immerhin, wir sind nicht im Bösen mit ihr auseinander gegangen, durchaus nicht.

Unser Umzug ist, wie soll ich sagen, ein Geschehnis. Alle Geschehnisse haben einen Grund und eine Ursache. Oder einen Anlass und einen Grund, wenn ihnen das lieber ist. Der Grund, der eigentliche Grund, weswegen wir aus der fiebrig gewordenen ewigen Faschingsatmosphäre des Monmartre-Schwabings in die kühlere und klarere Regin des Quatier Latin – des Montparnasse – Schwabings umgesiedelt sind, lag tiefer. Ich habe ihn mit den Worten »fiebrig ... ewiger Faschingsstimmung« und mit den Worten »klarer und kühler« ja bereits angedeutet. Aber das ist noch nicht alles. Ich muss da etwas weiter ausholen.

Die Geschichte der Wiedergeburt Schwabings, die vor anderthalb Jahren etwa vor sich ging, vollzog sich merkwürdigerweise nach denselben Gesetzen, wie die Geburt des Künstlerviertels Montmartre in Paris vor etwa einem halben Jahrhundert. Da waren damals um die Jahrhundertwende einige Maler, Musiker, Dichter, die kamen in einer kleinen Kneipe in einer der schmalen Straßen um die *butte* des Abends zusammen, tratschten miteinander, das heißt, sie führten Gespräche über die Kunst. Man stritt sich, man vertrug sich, man war lustig, man trank, einer hatte eine Laute bei sich, man sang – das nächste Mal, bei der nächsten Zusammenkunft in der kleinen Parlotte, wie diese Schenken nach dem Französischen *parlotte* – Geklatsch, hießen ..., hatte der Dichter der Tafelrunde zufällig ein neuestes Opus in der Tasche, er las es vor; beim nächsten Mal hatte der Komponist ebenfalls etwas Neues, das er gerade komponiert hatte, mitgebracht oder er hatte das Gedicht des Dichters inzwischen vertont, es wurde vorgetragen ... Neue Gäste aus Künstlerkreisen kamen zu der ursprünglichen Tafelrunde, trugen ihrerseits vor ..., es gebar sich nach und nach so etwas wie ein Programm an den Abenden, an denen die Künstler hier in der Parlotte zusammenkamen ... Die Sache sprach sich herum ..., dann kamen Neugierige, die sich von der Laune und der Lebensfreude des »fröhlichen Künstlervölkchens« anstecken lassen wollten – und – aus der Parlotte war unversehens eine Art Kabarett geworden.

(Ich muss hier einschieben – Sie wissen ja alle – *Kabarett* heißt in seiner ursprünglichen Bedeutung übersetzt »Teebrett«. Es hat dann später im übertragenen Sinn auch im Französischen die Bedeutung *Brettl* angenommen. Das Wort will besagen, dass die Bühne, das Podium, auf dem die Vorträge in einer solchen *Parlotte* stattfanden, nicht größer waren als eben ein Teebrett. In der Fachsprache der Schauspieler heißt eine kleine Bühne auch die

Schmiere, das *Nudelbrett*. Womit ich übrigens beileibe nicht sagen will, dass Theo Rieglers *Nudelbrett* eine Schmiere sei!)

Ob nun Tee- oder Nudelbrett – auf dem Brettl in der *Parlotte* wurde fortan regulär gebrettelt. Die Konkurrenz schoss wie Pilze aus der Erde. – Sie sehen, ich bin schon mitten in den Vergleichen zwischen der Geburt Montmartres und der Wiedergeburt Schwabings – die sich nach denselben Gesetzen vollzogen – ja, meine Damen und Herren, ich brauche da eigentlich nichts hinzuzufügen, nichts weiter zu erklären – sie wissen ja eh' schon, wie es geschah. Und was sich alles etablierte und was sich alles sezessionierte.

Auch das MONOPTEROSS ist eine Sezession. Eine Sezession der *Schwabinger Laterne*, die die Urzelle der Wiedergeburt Schwabings nach diesem Kriege war. Und darum möchte ich unser kleines Podium damit einweihen, dass ich den beiden alten Schwabingern Gustl Weigert und Martin Lankes den noch immer fälligen Dank dafür ausspreche, dass sie nach dem Tode Papa Steinickes im Jahre 39 – und vor allem nach diesem Krieg – das etwas still und dunkel gewordene Schwabing wieder zu einer Urständ, wieder ans Licht verholfen haben mit der *Schwabinger Laterne*, dem ehemaligen Stammtisch der ehemaligen *Brennnessel*.

Die Session wurde dann wieder zu einer Fusion, und heute sitzen wir alle wieder zusammen, der ehemalige Stammtisch der Ehemaligen … nun ja. – Unsere damalige Session (die dann, wie gesagt, zu einer Fusion, manchmal sogar zu einer Konfusion wurde) war ein wenig durch das Wörtchen »ehemalig« veranlasst. Ich will hier nicht allzu breit werden, wir wollen heute Abend ja auch noch etwas anderes hören als Einführungsreden, aber ich möchte doch ganz kurz *andeuten*, da ich schon mal hier als Historiograph der jüngsten Schwabinger Geschichte fungiere, inwiefern das Wörtchen »ehemalig« in dieser Session eine Rolle gespielt hat.

Etwas Ehemaliges ist etwas Vergangenes . Vergangenes kann man nicht einfach wieder auferstehen lassen. *Es würde nicht in die Zeit hineinpassen.*

Das MONOPTEROSS startete damals vor etwas mehr als einem Jahr mit der Ambition, eine Art Kleinkunstbühne zu werden, die *ihrer* Zeit etwas sagen wollte. Wenn man die Aufgabe einer solchen Kleinkunstbühne, die im Gegensatz zu den vorhin geschilderten *Teebrettls* ein Kabarett und kein Amüsierbetrieb sein will, richtig auffasst, dann muss sie ihrer Zeit etwas zu sagen oder zumindest etwas *zur Zeit* zu sagen haben. Selbstverständlich keine billige politische Witze auf Kosten des Stadtrates oder eines nackt badenden Oberbürgermeister a. D., das ist ja klar. – Nun, wir riefen also die Jugend. Aber so leid es mir tut, dies hier aussprechen zu müssen: Die Jugend hat nicht viel auszusagen. Möglich, dass wir die falsche Jugend angelockt hatten mit unserer Kleinkunstbühne. Es kamen drei bis vier junge Dichter mit nicht sehr erschütternden Gedichten, es kamen einige junge Leute, die beim Barras in Gefangenenlager-Theatern Moser und Lingen imitiert hatten und die sich nun für Schauspieler hielten. Jedenfalls fast alles, was kam, fragte zuerst: Können Sie mir einen Text geben, können Sie mir was schreiben? – Wir, also die Älteren, sollten also die Aussagen zurzeit für sie machen.

Die Dichter der Jahrhundertwende, die Künstler, die damals hier im *Stefanie* verkehrten, die Dichter, die im goldenen Zeitalter Schwabings lebten vor den beiden Weltkriegen, die waren damals *Jeunesse d'orée* des Geistes und s i e sagten ihrer Zeit etwas. Allerdings hatten sie den Vorteil, dass sie ihre »Verwegenheiten« in die Ruhe eines gesättigten Bürgertums hineindonnerten und sich leicht tun konnten mit der *Epâter les Bourgois*.

(Nebenbei, wenn wir Ihnen heute Abend etwas von den Dichtern der Jahrhundertwende bringen, so hat das historische Gründe, die dem Genius Loci entsprechen.)

Das Bürgertum! Das Bürgertum existiert heute nicht mehr. Und darum hat es die heutige Jugend, wenn sie *Epâter des Bourgois* spielen will, sehr viel schwerer als die *Jeunesse d'orée* der Jahrhundertwende.

A b e r das Bürgertum existierte auch in m e i n e r Jugend, in meiner bereits schon reiferen Jugend, nach dem Ersten Weltkrieg schon nicht mehr. Ich gebe zu, dass die Welt damals nicht so aus den Fugen war, wie sie es nach diesem Kriege war – und ist. Vor 1914 sang Ludwig Scharf mit seinem rostigen Bass zum Erschrecken der Bürger: »Ich bin ein Prolet …«. Wenn er heute Abend hier auf dem Podium stünde und singen würde, ich bin ein Prolet, würden wir wahrscheinlich sagen: »Nun, wenn schon! Wir sind ja im gewissen Sinn alle Proleten.« – Heute lockt nicht mal mehr Marcel mit seinen schrägsten Gedichten einen müden Engel oder einen müden Tiger hinter dem Ofen hervor.

Um auf Schwabing als Resonanzboden zurückzukommen: Ich glaube, dass jedes Lebensalter s e i n Schwabing findet. – Damals, als ich vor 30 Jahren aus Westfalen nach München zu Besuch kam und hier hängen blieb, klagte mir Karl Wolfskehl, dass Schwabing tot sei. Ein Jahrzehnt später klagte ich dann neuen Schwabingern, dass Schwabing tot sei. Und dann nach diesem Krieg klagten wir a l l e, dass Schwabing tot sei. Und dabei lebt Schwabing, das Phänomen Schwabing lustig weiter trotz aller Totenklagen.

Schwabing wird niemals tot sein, so lange es eine Jugend gibt, die den eigenartigen Rhythmus dieser Atmosphäre, dieses »Trotzdem« miterleben kann. Was eben den Schwabinger ausmacht.

Heute ist es nicht mehr der schlawinernde Müßiggang, die schlamperte, zur Schau getragene Ungepflegtheit, die sich als Originalität gibt, was den Schwabinger ausmacht. Lange Haare und schmutzige Füße genügen nicht mehr. Gustl Weigert hat damals bei der Eröffnung der *Schwabinger Laterne* in treffenden Worten umrissen, dass gerade die echten Schwabinger etwas leisten, dass sie arbeiten.

In der Hitlerzeit war man als Schwabinger suspekt. Und darum hat es mich außerordentlich sonderbar berührt, dass neulich ein ziemlich bekannter Mann, der heute einen öffentlichen Posten einnimmt, ein Mann, der ehe er eine Villa in Harlaching oder in Geiselgasteig bezog, in Schwabing ansässig war, – in einem Interview, einem Zeitungsinterview so sehr von Schwabing abrückte, also in die Hitlerschen Vorurteile gegen Schwabing und die Schwabinger zurückfiel. »Der Himmel bewahre mich vor den 60- bis 70-jährigen Immer-noch-Schwabingern!«, rief er in diesem Interview aus. Er wirft also den 60- bis 70-jährigen Schwabingern ihr Alter vor und gleichzeitig wirft er ihnen vor, dass sie sich – als »Immer-noch-Schwabinger« ihre Jugend bewahrt haben! – Jedenfalls können wir Schwabinger dem betreffenden Herrn nicht vorwerfen, dass er sich seine Jugend und damit seinen Humor bewahrt hat, sonst h ä t t e er nämlich Humor und könnte mit uns über sich lachen. So aber müssen wir ohne ihn über ihn lachen.

Es ist nämlich eine der schönsten Eigenschaften der alten Schwabinger, dass sie sich ihre Jugend bewahren können und deshalb auch mit der Zeit gehen können. Das Rezept dafür sei hier verraten. Es lautet: Man nehme – sich selber nicht so tierisch ernst.

Aber ich will wieder auf die Geschichte Schwabings und auf die Parallelen zwischen Schwabing und Montmartre zurückkommen. Die Geschichte, das was wir Geschichte nennen, läuft heute schneller als vor 50 Jahren. Auf Montmartre in Paris dauerte es immer seine 15 Jahre, ehe das improvisierte Treiben der Künstler zu einer industriellen Ausnutzung führte. Hier in Montmartre-Schwabing vollzog sich das in einem einzigen Fasching. Was im vorigen Fasching noch aufgestaute Lebensfreude war, das war, seien wir ehrlich, in diesen Fasching mit seinem organisierten Trubel vielfach Krampf. (Wenn ich auch sagen muss, dass ich mich persönlich sehr gut amüsiert habe.)

BUCH: Wenn ich jetzt aus diesem Buch, das sich mit der Geschichte des Montmartre befasst, zitiere, so ziehe i c h nicht Parallelen, sondern überlasse es dem Autor dieses Buches, das um 1900 erschien, zu *prophezeien*.

Es heißt hier: »Auf dem Montmartre trug bereits alles den Stempel des Unterganges: Talent ohne Ordnung, Geist ohne Gestaltungskraft, Sinnenleben ohne Frohsinn ... Werden wir, (so fragt sich der Verfasser bang) jenseits der Seine (wenn ich tatsächlich Parallelen zöge, so hätte ich jetzt gesagt: »Jenseits des Siegestores«, nicht wahr?) jenseits der *Seine* die echte Fröhlichkeit antreffen? ...«

Und dann hebt der Verfasser einen Absatz an mit den feierlichen Worten. Poesieumwoben wie kein anderer Stadtteil von Paris, wie vielleicht kein Stadtteil in der Welt, ist der *Quartier Latin*.

Im *Quartier Latin* studierten, liebten, zechten die Studenten und die Bohemiens, die echten und die unechten, die freiwilligen und die unfreiwilligen. Bei *Souflet* und *Vachette* (altberühmte Namen!) zu beiden Seiten der *Rue des Ecoles* verkehrten die Professoren und die Privatgelehrten, die gesetzten Männer aus bürgerlichen Berufen, die zur Kunst in Beziehung standen, die ausländischen Studenten, die viel Geld hatten. Nebenan in der Taverne

Lorraine mit den grünen Laternen sah man die Studentinnen. Meistens waren es Studentinnen der Liebe, die schon ausstudiert hatten. Im Café *d'Harcourt* herrschte dauernd Hochbetrieb aus allen Schichten. In der Taverne *Du Panthéon* ging es etwas vornehmer zu. Neben den Studenten verkehrten hier auch viele Ehepaare, echte und unechte (wie der Verfasser schalkhaft vermerkt) …«

All diese und andere Kneipen, Cafés, Wirtschaften, entsprachen, wenn ich sie auf das Münchener *Quartier Latin*, also auf die Gegend hier ringsum übersetzen soll, dem früheren *Grünen Schiff*, dem *Bunten Vogel*, der *Dichtelei*, der *Akropolis*, der *Diana*, den beiden Osterien (*Bavaria* und *Italiana* vom alten Lombardi), dem *Papa Steinicke* und so weiter.

Sein ganz besonderes Publikum im Pariser *Quartier Latin* aber hatten die *Closerie des Lilas* und das *Café Procope*. Hier waren die Künstler und Kunstfreunde zu finden, die Maler, die Musiker, die Dichter, die Kunsthändler, die Architekten, die Journalisten, die Schauspieler – kurz alle Leute, die ausübend oder genießend etwas von der Kunst verstanden. Diese beiden Etablissements entsprachen ungefähr dem *Café Universität* (dem Trümmerhaufen hier gegenüber) und dem *Café Stefanie*, dem bescheidenen Neubau, in dem wir heute sitzen. Nicht anders als im *Café Procope* entwarfen hier im *Café Größenwahn*, das übrigens viel eher als das romantische Café in Berlin *Café Größenwahn* hieß, an den Marmortischen mit den schweren gusseisernen Füßen mit Baretten angetane Maler (Barett heute schon wieder da! Nichts Neues unter der Sonne!) nie ausgeführte Farbensymphonien, die die Welt in Atem halten sollten, Musiker hatten nie zuvor gehörte Opernwerke im Kopf, Dichter phantasierten Werke, in denen sie die unfassbarsten Gefühle ausdrücken wollten. Was dann nachher dabei in Wirklichkeit herauskam –, war zum Teil dennoch recht achtbar. Viele Namen derer, die hier in der vergangenen Marmor- und Stuckpracht lebten und schufen, sind in die Literatur-, die Kunst- und in die Musikgeschichte eingegangen. Ich kann hier unmöglich alle Namen aufzählen. Wir wollen nachher unser Programm mit einer kleinen – wenn ich so sagen darf – *Revue* beginnen, in der einige der später prominent oder bekannt gewordenen Dichter rezitiert werden sollen. Diese Revue ist, wie schon der Name besagt, als Rückblick gedacht – meine Damen und Herren verzeihen sie mir, ich kann der Versuchung nicht widerstehen, einen persönlichen Rückblick zu tun: Vor dreißig Jahren schrieb ich hier teils an einem teils auf einem Marmortisch (das war billiger als Papier) ein expressionistisches Drama, das zum Glück niemals aufgeführt worden ist. Es führte den Titel: *Wirbelnder Stillstand* (ein bezeichnender Titel, wenn ich so mein Leben überschaue), in dem ein Mädchen, damals hieß es d a s Mädchen, kniend mit erhobenen Händen den Tod anzuschreien hatte:

»Gib mir dein Bahrtuch, Tod,
dass ich's dem nackten Tage,
der zwischen Aufgang stolpernd hetzt und Niedergang,
dass ich's dem nackten Tage um die Blößen lege.«

In unserer Revue nachher kommen, das kann ich Ihnen zu Ihrer Beruhigung sagen, nur die Prominentgewordenen zu Worte. Mit besseren Gedichten. Wir befinden uns hier – ich glaube, ich sagte es – auf historischen Boden. Der Genius Loci verpflichtet. Wir werden unsere Programme nicht mehr wie bisher über den Daumen peilen können. Wir wollen vor allem die Jugend zu Worte kommen lassen – wenn sie sich zu Worte meldet. Ringelnatz und Endrikat, die beiden Hausheiligen der Kleinkunstbühnen, sollen *bei uns* endlich mal Erholungsferien haben.

Der historische Boden verpflichtet aber nicht nur das MONOPTEROSS sondern auch den Wirt und die Wirtin. – Meine Damen und Herren, soweit sie Frau und Herrn Bosch noch nicht kennen sollten, darf ich bekannt machen – Herr und Frau Bosch – das MONOPTEROSS.

Herr und Frau Bosch werden sich bemühen, an Küche und Keller das Beste zu bieten. So weit ich die beiden kenne, haben sie beide nicht den Ehrgeiz, als Künstlermutti oder Künstlervati zu wirken, sondern vielmehr für unser leibliches Wohl zu zivilen Preisen zu sorgen. – Ich sagte eben, ich weiß nicht, ob sie es gehört haben, dass das *Café Procope* in Paris, also das Pariser *Café Stefanie*, ein besonderes Publikum gehabt hat. Wollen s i e beide – und das

Café Stefanie hat zumindest mit dem MONOPTEROSS und dem Tukankreis, der hier an dem Montagne residiert – wir an den Diensttagen, an jedem Mittwoch, Donnerstag (unseren jeweiligen Vortragsabenden) und Freitags – wollen sie – und das Café Stefanie wird wieder, wie einst, sein besonderes Publikum haben. Unsere Wirtsleute haben wirklich weder Kosten noch Mühen gescheut, um uns unser Heim so nett als möglich zu machen.

Die beiden Künstler, die unseren Laden ausgemalt haben und die berechtigter Weise auf ihren frenetischen Beifall warten, sind Christl Bachmeier und Willi Kruse. Kimmt's aufi!

Meine Damen und Herren, unser Wappentier ist das MONOPTEROSS. Unsere Wappenblume sind die *Rosskastanie* und der *Monoperossmarin*. Unsere Farbe, mit der unsere Maler diesen Himmel hier angestrichen haben, ist *Monopterossrot*; nicht die Farbe des Rostes, des Eisenoxyds, sondern die Farbe einer gemäßigten Begeisterung, die sanfte Glut eines Rostes, auf der – Schmankerln gebraten werden, literarische, musikalische …

Das MONOPTEROSS ist eine Künstlervereinigung, eine Vereinigung von Lebenskünstlern. Die einen machen das Leben zu Kunst, die anderen machen die Kunst zu Leben.

Und deshalb treffen wir uns alle in der berühmten Mitte, wo die – Wahrheit liegt.

Wir wollen uns nicht tierisch ernst nehmen, sondern menschlich lustig.

Mögen – jetzt muss ja der Satz kommen mit »möge« – mögen wir uns alle wohl fühlen in dem neuen Stall.

Alt-Schwabinger Impressionen

Es war damals, als im alten Schwabing noch kein neues Schwabing war und da ging es wunderlich genug zu.

Der Kokiar spielte damals noch eine Rolle, den der letzte Barde Hans Heiner Knoll in den wenigen Schwabinger Lokalen mit der Laute vortrug.

Der alte de Grignis sprach Aphorismen umrahmt von zwei kerzenhaltenden Damen, die hernach zum Lobe und zum Danke jeweils einen Wangenkuss bekamen, Michaela, sündig behandschuht und eng umschlossen um fülliges Gefleisch, tat auf verrucht und Ackerstraße Berlin.

Ken Kaska stellte ein junges Geblüht als neue Braut vor und besang die edelsten Stellen derselben, genau und ausführlich mit unfeinen Worten.

Da war ein Tänzer, aus Abessinien gebürtig, der sang unverständliche Reime und wusste engbehoste Beine den Damen zur Freude zu stellen.

Die Königin der Boheme sprach Verruchtes vom Kuddeldaddeldu und der Alwine und eben diese Königin, welche Marietta war, wiegten sich dann im schwülen Musette.

Auf dem Tisch stand Glas neben Glas und das wurde alles bezahlt. Von wem, das wusste man nicht, aber die Rechnung ging immer auf.

Man war unter sich, wenn auch viele gafften. Man tat auf sündig, wenn es auch nicht so war.

Man ging und kam – mit jenem oder keinem –, man war allein oder zu zweit, wie man das wollte.

Doch rein war das Hemd und oft auch der Glaube.

Der Traumstädter Althaus trommelte die Negertrommel und sang dazu die Lieder der geträumten Stadt. Er sprach von den verlass'nen Huren, von sonderlichen Menschen und von Pferden, die mit Zehenhufen Wagen mit ganz alten Kufen ziehen den verworrenen Weg entlang. – Der alte Jonen sang Zigeunerlieder und stöhnte alles Leid der Steppenqualen dieser Kreaturen bis in das tief geschnittene Mädchenkleid.

Man drehte sich im Tanze
und war sich nah, so nah und sonnte sich in Schwabings Glanze
und war so froh! Die Geige sang, die Instrumente lärmten,
man legte seinen Arm um sie –
man ging nach Haus und wärmte
so manches kalte Knie. –
Das war die Zeit, um die ich weine,
denn solches wird wohl nie mehr sein.
Es gibt das Knie nicht mehr – das feine –
Und auch das alte Schwabing lässt mich nun allein …

Eine Chronik
von Hans Althaus

1892	Peter Paul Althaus, von seinen Freunden kurz PPA genannt, wird am 28. Juli in Münster/Westfalen als Sohn des Eisenwarengroßkaufmanns Franz und seiner Frau Elise, geb. Fandreyer, geboren. Nach der Schulzeit Beginn einer Apothekenausbildung in Ahlen.
1896	Gründung der politisch-satirischen Wochenschrift *Simplicissimus* durch Albert Langen und der illustrierten Wochenschrift *Jugend* durch Georg Hirth in München.
1914–1918	Teilnahme von PPA am Ersten Weltkrieg, aus dem er als Leutnant zurückkehrt.
1918–1933	Weimarer Republik
1918–1922	Mit seinem Bruder Josef gründet er eine Heeresgutsammelstelle in Münster. Gleichzeitig studiert er an der Universität Münster. In seinem Verlag *Der weiße Rabe* erscheint zuerst die satirische Zeitschrift *Das Reagenzglas* und danach *Der Send – Monatsschrift für die spanischen Dörfer*. 1920 erstmals öffentliche Rezitation eigener Gedichte.
1922	PPA bleibt nach einem Verlegerbesuch in München; die Stadt wird durch die Faszination seiner Boheme und literarischen Zirkel seine Wahlheimat. Bereits seit 1916 arbeitet er im *Simplicissimus* mit. Er tritt im *Simpl* der Kathi Kobus auf. Übersetzung verschiedener Bücher, Herausgabe eigener Gedichte und Regietätigkeit in Weimar und England.
1924–1928	Konsolidierung der Weimarer Republik nach Beendigung der Inflation durch Einführung der Renten- bzw. Reichsmark.
1928–1933	sind im Wesentlichen die Jahre, in denen PPA Mitarbeiter der *Jugend*, des *Simplicissimus* und der *Welt am Sonntag* war, die durch bekannte Pseudonyme und namentliche Kennzeichnung belegt sind.
1928	Beginn der Rundfunktätigkeit von PPA
1930	Literarisches Liebhaberkabarett *Der Zwiebelfisch* mit PPA in der Barerstr. 5.
1930–1933	Die sog. Präsidialkabinette von Brüning, v. Papen und Schleicher können die bestehende Wirtschaftskrise nicht meistern.
1933	Reichspräsident Hindenburg ernennt Hitler zum Reichskanzler. Beginn der Nationalsozialistischen Schreckensherrschaft. PPA

	gibt seine Mitarbeit in den gleichgeschalteten Zeitungen und Illustrierten 1933 auf.
1939–1945	Zweiter Weltkrieg. PPA, zuletzt Chefdramaturg und Oberspielleiter am Berliner Deutschlandsender. PPA wird 1941 entlassen, als Göbbels erfährt, dass er 1928 seine Gedichtsammlung *Das vierte Reich* Albert Einstein gewidmet hatte. Er »taucht« im Krieg unter, aus dem er als Hauptmann zurückkehrt.
1945	Er wohnt zunächst in Tutzing am Starnberger See. Hier entsteht der Gedichtband *In der Traumstadt*. Dann Übersiedlung nach München-Schwabing.
1947	Mitbegründer des *Seerosenkreises* und belebendes Element des Kabaretts *Schwabinger Laterne*
1948	PPAs Kabarett *Monopteross* zuerst im *Pfälzer Hof* bei Mutti Bräu, dann im *Café Stefanie*
1952	PPA gibt seine Rundfunktätigkeit auf, um sich ganz seinen dichterischen Aufgaben widmen zu können.
1951–1961	Nacheinander erscheinen im Stahlberg-Verlag seine Gedichtbändchen. Sie begründeten seinen Ruhm: *In der Traumstadt* (1951), *Dr. Enzian* (1952), *Flower Tales – lasst Blumen sprechen* (1953), *Wir sanften Irren* (1956), *Seelenwandertouren* (1961). *PPA lässt nochmals grüßen* erschien 1966 als Nachlassband.
1961	PPA erhält als erster den Schwabinger Kunstpreis für Literatur.
1965	Am 16. September stirbt PPA in seiner Wohnung in Schwabing. Unter großer Anteilnahme wird er auf dem Münchener Nordfriedhof beigesetzt. Pfarrer Strixner, Ludwig Kusche und der damalige Oberbürgermeister von München, Dr. Hans-Jochen Vogel, hielten die Grabreden. Der Wunsch von PPA an seine Freunde ist, einmal sein Grab zu besuchen.

ÜBER DEN HERAUSGEBER

HANS ALTHAUS, geboren in Hagen/Westfalen, studierte Medizin und Zahnheilkunde und promovierte in diesen Fächern. 30 Jahre war er niedergelassner HNO-Arzt in Köln. Während seines Studiums u. a. im Sommersemester 1960 und des Besuchs der Sanitätsakademie 1964 in München lernte er seinen Großonkel Peter Paul Althaus persönlich kennen. Er kümmerte sich früh um sein literarisches Erbe. Er hält Kontakt zu Zeitzeugen und sammelt alles über seinen Onkel in seinem Privatarchiv. Seit seiner Pensionierung studiert er Germanistik, Neuere Geschichte, Theologie und Philosophie. Er dichtet selbst und hat ein Buch mit eigenen Dichtungen herausgebracht.

Hans Althaus ist Träger der Silbernen Seerose, war Kellerassel der *Katakombe* und erhielt deren 27. Literatenkerze. Er rezitierte PPA in der *Seerose* unter Ernst Günther Bleisch, im Malura-Museum in Oberdießen, im Schwabinger Kulturpavillon und im Münchener Künstlerhaus. Er ist Mitglied des Kaleidoskops in München und in Essen im Klub der *Sanften Irren*.

WERKE VON PETER PAUL ALTHAUS
Herausgegeben von Hans Althaus

ALLITERA VERLAG MÜNCHEN
Das Peter Paul Althaus-Gedichtbuch
Das Lied vom kleinen Mann. Gedichte in der »Welt am Sonntag« 1931–1933

PENDRAGON VERLAG BIELEFELD
Die frühen Gedichte
Mystische Lyrik aus dem indischen Mittelalter
Altrussische Kirchenlieder
Sanfte Irren Geschichten. Gesammelte Prosa
Mozart in München. Musikalische Hörspiele
Peter Paul Althaus läßt grüßen – Die Traumstadtgedichte von PPA

CDs MIT TEXTEN VON PETER PAUL ALTHAUS
im Pendragon Verlag, Bielefeld

Ansichten aus der Traumstadt: Mit Burdinski (v) und Wiedemann (p)
Ein Spaziergang durch die Traumstadt. U. a. mit Klaas (p) u. Lonquich (komp)
Flower Tales – lasst Blumen sprechen. Gelesen von Rosemarie Fendel
Peter Paul Althaus lässt grüßen. Gelesen von Christian Quadflieg

Inhalt

Vorwort · 5

Prosa in der Zeitschrift *Der Send* · 13
Über den Tanz · 15
Geschichten vom Herrn Jemand · 18

Prosa und Dichtungen in der Zeitschrift *Jugend* · 23
ex Fabula · 25
Kleine Legende · 26
Wie wir den Filmstar Rica Roca machten · 27
Die Kanone · 32
Optimismus · 37
Der Besuch · 38
Der Maharadscha von Neirobur · 40
… da bleibe, wer Lust hat … mit Sorgen zu Haus ! · 42
Biedermeierfriedhof · 44
Biedermeier-Friedhof · 46
Merkwürdige Stimmung in einem Hotelzimmer in Delft · 48
Das Grüne Schloss · 50
Auf einer Terrasse in Taormina · 51

Prosa und Dichtungen in der Zeitschrift *Simplicissimus* · 53
Zeitsparende Erfindungen · 55
Neuer Sport · 57
Kleine Heldengeschichte · 59
Paul Wegener stirbt · 60
Greta Garbo spricht deutsch · 61
Vorspruch zum Goethe-Jahr · 64
Es klingelt … · 66
Der Umweg ins Glück · 67
Der weiße Herr oder Die Macht der Persönlichkeit · 71

DICHTUNGEN FÜR KABARETTABENDE · 75

Der Blumenkohl · 77
Lied einer Ringerbraut · 79
Der Erlkönig · 81
Die zehnte Muse · 83
Im Park der Stadt des Traumes, · 86
Ein Philosoph liegt tot im Bett · 87
Warum? · 88
Wortspielereien · 89
Der Song von der gefallenen Aktie · 94
Ich suchte mich · 95
Schneeflocken · 96
Viceverse · 97
Gedichte für ein Büchlein mit dem Titel:
Und sie bewegt sich doch! · 99
Nimmst einer Panne du das P · 99
Gleiches und Gleiches sich gern gesellt · 99
Ein Zinshahn stolzierte · 99
Wenn du einer Krankenschwester · 100
Frag mich doch was · 101
Ein in langem Dienst ergrauter · 102
Die Einen treiben in der Tanzteediele · 104
Mysteriöse Verwandlung eines Rentengeldempfängers · 105
Hallo Boy! · 108
Dienstagsrede · 110
Eröffnungsrede bei der Umsiedlung des MONOPTEROSS
vom Pfälzer Hof in das Café Stefanie · 116
Alt-Schwabinger Impressionen · 125

Eine Chronik · 127
Über den Herausgeber · 129
Werke von Peter Paul Althaus · 130